फ़्लाइट प्लान

कामयाबी का असली रहस्य

अपनी सोच से कहीं ज़्यादा तेज़ी से हासिल करें

ब्रायन ट्रेसी

अनुवाद : डॉ. सुधीर दीक्षित

MANJUL
मंजुल पब्लिशिंग हाउस

MANJUL

मंजुल पब्लिशिंग हाउस

कॉरपोरेट एवं संपादकीय कार्यालय

• द्वितीय तल, उषा प्रीत कॉम्प्लेक्स, 42 मालवीय नगर, भोपाल-462 003

विक्रय एवं विपणन कार्यालय

• सी-16, सेक्टर 3, नोएडा, उत्तर प्रदेश, 201301

वेबसाइट : www.manjulindia.com

वितरण केन्द्र

अहमदाबाद, बेंगलुरू, कोच्चि, कोलकाता, चेन्नई,
हैदराबाद, मुम्बई, नई दिल्ली, पुणे

ब्रायन ट्रेसी द्वारा लिखित मूल अंग्रेजी पुस्तक *फ़्लाइट प्लान* का हिन्दी अनुवाद

Flight Plan–The Real Secret of Success by Brian Tracy – Hindi Edition

यह हिन्दी संस्करण 2025 में पहली बार प्रकाशित
द्वितीय आवृत्ति 2026

ISBN 978-93-5543-582-8

अनुवाद : डॉ. सुधीर दीक्षित

मुद्रण व जिल्दसाज़ी : रेप्रो इंडिया लिमिटेड

फ़्लाइट प्लान

मेरी अद्‌भुत बेटी क्रिस्टीना को,
जो बेहतरीन युवती, समर्पित माँ और डैमन की पत्नी है।
तुम इस किताब की प्रेरणा, बुद्धिमान परामर्शदाता व सहयोगी
और हम सभी के लिए रोल मॉडल हो।

विषय-वस्तु

प्रस्तावना

सफलता का *असली* रहस्य

हज़ार मील लंबी यात्रा भी पहले
क़दम से शुरू होती है।

– कनफ़्यूशियस

यह ज़िंदा रहने के लिए अद्‌भुत समय है। पूरे मानव इतिहास में पहले कभी इतने ज़्यादा लोगों के लिए इतने ज़्यादा लक्ष्य हासिल करना कभी इतना ज़्यादा संभव नहीं था, जितना कि आज है। आने वाले महीनों तथा वर्षों में यह और बेहतर होता जाएगा। आपका काम उसमें पूरी तरह सफलता हासिल करना है, जिसे अर्थशास्त्री मानव जाति का 'स्वर्ण युग' कह रहे हैं।

हमारे संसार में हर व्यक्ति ख़ुश, स्वस्थ, छरहरा और अमीर बनना चाहता है। वह भी ज़्यादा से ज़्यादा जल्दी और आसानी से। पूरे इतिहास में त्वरित संतुष्टि की इस लगभग सर्वव्यापी माँग को देखकर असंख्य लोगों तथा संगठनों ने आकर्षक फ़ॉर्मूले, विशेष तकनीकें, गूढ़ रणनीतियाँ और बग़ैर प्रयास के सफलता व ख़ुशी हासिल करने के रहस्य बताए हैं।

हर साल-दो साल में द *सीक्रेट* जैसी कोई किताब आती है और सुझाव देती है कि ख़ुश रहने और बहुत सारे पैसे कमाने का कोई तुरत-फुरत और आसान तरीक़ा है। द *सीक्रेट* के अनुसार आपको बस सकारात्मक विचार सोचना और उनके मानसिक चित्र देखना है; बस इतना करने से

ही आप अपनी मनचाही सारी चीज़ें अपने जीवन में आकर्षित कर लेंगे। यह विचार उन लोगों को आकर्षक लगता है, जो कड़ी मेहनत नहीं करना चाहते, हालाँकि कड़ी मेहनत किसी भी सार्थक चीज़ को हासिल करने के लिए ज़रूरी होती है।

सफलता का असली रहस्य यह है कि कोई *रहस्य* नहीं है। सिर्फ़ सर्वव्यापी सिद्धांत और कालजयी सत्य हैं, जो युगों-युगों से खोजे और दोबारा खोजे जाते रहे हैं। ख़ुशी, स्वास्थ्य और समृद्धि संयोग से नहीं मिलती। वे इरादे, संकल्प और योजना से मिलते हैं। ये कारण और परिणाम के लौह नियम के तहत मिलते हैं।

यह नियम कहता है, ''हर कारण का एक परिणाम होता है।'' नियम यह भी कहता है, ''हर परिणाम के पीछे एक या अधिक कारण होते हैं'' यानी अगर आप निश्चित चीज़ें करते हैं, तो आपको निश्चित परिणाम मिलते हैं। बाइबल में कहा गया है, ''जो भी आप बोते हैं, वही आप काटेंगे।'' सर आइज़ैक न्यूटन ने लिखा था, ''हर क्रिया की समान और विपरीत प्रतिक्रिया होती है।''

यहाँ एक आसान नियम है : अगर आप बार-बार वह करते हैं, जो सफल लोग करते हैं, तो आपको कोई भी चीज़ वही परिणाम पाने से नहीं रोक सकती, जो सफल लोगों को मिलते हैं। इसके विपरीत, अगर आप वह नहीं करते, जो सफल लोग करते हैं, तो कोई चीज़ आपकी मदद नहीं कर सकती। सफलता कोई संयोग नहीं है। यह क़िस्मत की नहीं, योजना की बात है। यह सिर्फ़ कारण और परिणाम का मामला है।

महान खोज

शायद मानव इतिहास की महानतम खोज यह है कि विचार कारण हैं और परिस्थितियाँ परिणाम हैं। यही धर्म, दर्शन, रहस्यवाद और मनोविज्ञान का आधारभूत सिद्धांत है। इसका मतलब है कि आपके विचार ही आपकी वास्तविकता का निर्माण करते हैं। आप संसार को वैसा नहीं देखते, जैसा यह है। आप तो संसार को वैसा देखते हैं, जैसे आप हैं। जहाँ भी आप देखते हैं, हर जगह आप ख़ुद को देखते हैं। ज़्यादा बड़े मायने में आपका बाहरी संसार आपके आंतरिक संसार का दर्पण है। आप जो भी अंदर सोचते

हैं, वह बाहर दिखने लगेगा। अगर आप जानना चाहते हैं कि किसी व्यक्ति के भीतर क्या चल रहा है, तो बस यह देखें कि उसके जीवन में बाहर क्या हो रहा है।

अनुरूपता का नियम है "आपका बाहरी संसार आपके आंतरिक संसार के अनुरूप होता है।" यह नियम अटूट है, कम से कम लंबे समय में। आप कभी लंबे समय तक बाहर कोई चीज़ हासिल नहीं कर सकते और उसे क़ायम नहीं रख सकते, जिसके लिए आपने अंदर तैयारी करके उसे अर्जित नहीं किया है।

आपने यह सुना होगा कि सफल होने के लिए आपके पास वह होना चाहिए, जिसकी ज़रूरत है। देखिए, आपको इस बात की ज़रूरत है कि आप अंदर उस चीज़ का मानसिक समतुल्य बनाएँ, जिसे आप बाहर पाना चाहते हैं या अनुभव करना चाहते हैं। अपने बाहरी संसार को बदलने के लिए पहले आपको अपने आंतरिक संसार को बदलना होगा। जैसा गेटे ने कहा था, "ज़्यादा पाने के लिए आपको पहले ज़्यादा बनना होगा।"

दूसरे शब्दों में, किसी क्षेत्र में अलग जीवन का निर्माण करने के लिए आपको एक अलग इंसान बनना होगा। आपको सीखना होगा, विकास करना होगा और आवश्यक अनुभव हासिल करने होंगे, जो आपको अद्भुत जीवन जीने की बुद्धिमत्ता और अंतदृष्टि देंगे। इसका कोई शॉर्टकट नहीं है।

इससे मैं सफलता की एक उपमा पर आता हूँ, जिसे मैंने कई सालों से संसार के हज़ारों लोगों को बताया है। जब मैं यह उपमा बताता हूँ, तो हर सफल व्यक्ति यही कहता है, "इसी कारण मैं आज सफल हूँ।"

जीवन एक यात्रा है

इतने बरसों में मैं पूरे अमेरिका और संसार की कई बार यात्रा कर चुका हूँ। एक दिन मैंने एक उल्लेखनीय तथ्य सीखा : जब आप किसी मंज़िल की ओर जा रहे विमान में उड़ते हैं, तो आप 99 प्रतिशत समय सही दिशा से दूर रहेंगे! हवा के ऊपरी झोंके, नीचे के झोंके, तेज़ आर–पार हवा, वायुमंडलीय विक्षोभ, तूफ़ान, बिजली और पृथ्वी की चुंबकीयता की वजह से विमान यात्रा के दौरान दिशा से प्राय: हमेशा दूर भटकता रहेगा।

लेकिन जब विमान लॉस एंजेलिस से न्यू यॉर्क की तरफ़ उड़ान भरता है, तो पायलट लाउडस्पीकर पर आकर ऐसा कुछ कहता है, "देवियों और सज्जनों, हमारी एयरलाइन में यात्रा करने के लिए धन्यवाद। आज हमारी यात्रा में लगभग पाँच घंटे और बारह मिनट का समय लगेगा। हम शाम को पाँच बजकर चालीस मिनट पर लागार्डिया हवाई अड्डे पर उतरेंगे। सुखद यात्रा का आनंद लें।" और सचमुच पाँच घंटे बारह मिनट बाद विमान लागार्डिया हवाई अड्डे पर उतर जाता है, ठीक समय पर, जैसी भविष्यवाणी की गई थी।

मुद्दे की बात यह है : **जीवन में आप ज़्यादातर समय दिशा से दूर रहेंगे।** चाहे आप कितनी भी सावधानी से पहले से योजना बना लें, या चीज़ों को व्यवस्थित कर लें, आपका जीवन दो क़दम आगे और एक क़दम पीछे चलेगा। जिस समय आप अपनी मंज़िल की ओर चलना शुरू करते हैं, उसी समय से आपको दिशा को लगातार सही करने की ज़रूरत होगी। आपको शुरू करना होगा, रुकना होगा, बाएँ या दाएँ जाना होगा, बाधाओं के नीचे या ऊपर से गुज़रना होगा और अक्सर अपने क़दमों को पुन: टटोलना होगा। ये अनिवार्य अनुभव हैं, जिनकी ज़रूरत आपको वैसा इंसान बनने के लिए होती है, जो किसी तरह की स्थायी सफलता हासिल करना चाहता है।

आपको एक फ़्लाइट प्लान की ज़रूरत होती है

एक बुद्धिमान व्यक्ति ने एक बार मुझसे कहा था, "सफलता लक्ष्य हैं; बाक़ी सब कमेंट्री है।" महान चीज़ें हासिल करने के लिए आपको स्पष्ट लक्ष्यों, योजनाओं और समयसीमा की ज़रूरत होती है, ताकि आप आज जहाँ हैं, वहाँ से भविष्य में वहाँ पहुँच जाएँ, जहाँ आप पहुँचना चाहते हैं। आपको एक फ़्लाइट प्लान की ज़रूरत है, जिसे आपको यात्रा शुरू करने से पहले फ़ाइल करना होता है और जो आपकी पूरी यात्रा में आपका मार्गदर्शन करता है। फिर आपमें 'उड़ान भरने' का साहस होना चाहिए, विश्वास के साथ क़दम आगे बढ़ाने का साहस होना चाहिए, वह भी सफलता की किसी गारंटी के बिना। यात्रा में आपको निरंतर दिशा सुधार करने के लिए तैयार

रहना चाहिए, ख़ास तौर पर आपको पहले से संकल्प लेना चाहिए कि आप तब तक जुटे रहेंगे, जब तक कि आप अपनी मंज़िल पर नहीं पहुँच जाते।

असली रहस्य

सबसे आधुनिक गाइडेड मिसाइल अचूकता से अपने टारगेट की ओर उड़ती है, लेकिन उससे पहले इसे छोड़ना होता है और हवा में दागना होता है। इसका मार्गदर्शन तंत्र तभी काम करेगा, जब यह टारगेट की तरफ़ गतिमान होगी।

इसी तरह आपकी सारी उल्लेखनीय शक्तियों और योग्यताओं का इस्तेमाल भी आप तभी कर सकते हैं, जब आप अपने लक्ष्य की दिशा में चलना शुरू कर दें। आपको पहला क़दम उठाना होगा। आपको कर्म करना होगा। आपको असफलता के डर और संभावित निराशा से उबरना होगा। आपको अपने आरामदेह दायरे से निकलकर 'कष्टकारी दायरे' में पहुँचना होगा।

सफलता का असली रहस्य यह है कि जीवन लंबी दूरी की विमान यात्रा जैसा है। आपको सबसे पहले तो यह तय करना होगा कि आप कहाँ जाना चाहते हैं। इसके बाद आपको विमान पर चढ़ना होगा और अपने लक्ष्य की तरफ़ उड़ना होगा, हालाँकि आप यह बात पहले से जानते हैं कि आप 99 प्रतिशत समय सही दिशा से दूर रहेंगे। और एक बार जब आप शुरू कर देते हैं, तो आपको सही दिशा की तरफ़ लगातार सुधार करने को तैयार रहना होगा, जब तक कि आप अपनी मंज़िल पर नहीं पहुँच जाते।

उड़ान को शुरू होने दें

आप वर्तमान से ज़्यादा ख़ुशी, स्वास्थ्य और समृद्धि की ओर अपनी यात्रा में बारह क़दम उठा सकते हैं। इन क़दमों को उठाकर आप अपने जीवन का पूरा नियंत्रण अपने हाथ में ले लेते हैं, अपनी सारी मानसिक शक्तियों को सक्रिय कर देते हैं, वह व्यक्ति बन जाते हैं, जो आप बनना चाहते हैं और इस बात की संभावना को बढ़ा देते हैं कि आप सही समय पर अपनी मंज़िल पर पहुँच जाएँगे। वे बारह क़दम ये हैं।

अध्याय एक

अपनी मंज़िल चुनें

पूर्णता सभी सफल लोगों का गुण है। जीनियस असीमित दर्द झेलने की कला है। सारी महान उपलब्धि की विशेषता है अत्यधिक सावधानी, असीमित कष्ट, सबसे छोटे विवरण तक।

– अल्बर्ट हबार्ड

आपमें जीवन में इतना हासिल करने की योग्यता है, जितनी आपने कभी कल्पना भी नहीं की होगी। आपमें इतना ज़्यादा कौशल है कि आप उसका इस्तेमाल सौ जन्मों में भी नहीं कर सकते। आज स्वास्थ्य, ख़ुशी और समृद्धि हासिल करने के जितने अवसर और नवाचार उपलब्ध हैं, उतने पहले कभी नहीं रहे। इस असीमित संभावना को साकार करने के लिए अपने प्रति आपकी पहली और सबसे बड़ी जिम्मेदारी पूरी तरह स्पष्ट रहना है कि आप सचमुच क्या चाहते हैं।

जब आप इस बारे में पूरी तरह स्पष्ट होते हैं कि आप कौन हैं, आप क्या चाहते हैं और आप कहाँ पहुँचना चाहते हैं, तो आप सामान्य व्यक्ति से दस गुना ज़्यादा हासिल करेंगे और वह भी ज़्यादा तेज़ी से।

लगभग हम सभी के चार मुख्य लक्ष्य होते हैं, जो हर इंसान के होते हैं। ये हैं (1) फ़िट होना, स्वस्थ रहना और लंबा जीवन जीना; (2) वह काम करना, जिसमें हमें आनंद आता है और इसके बदले अच्छे पैसे

मिलना; (3) उन लोगों के साथ सुखद संबंध में रहना, जिनसे हम प्रेम करते हैं और जिनका हम सम्मान करते हैं और जो हमसे प्रेम करते हैं और हमारा सम्मान करते हैं; और (4) वित्तीय स्वतंत्रता हासिल करना, ताकि हमें दोबारा कभी पैसे की चिंता न करनी पड़े। जब आप इन चार क्षेत्रों में से प्रत्येक पर ख़ुद को एक से दस के पैमाने पर अंक देते हैं, तो आप पाएँगे कि आज आपकी ज़्यादातर समस्याएँ और चिंताएँ जीवन के उस हिस्से में हैं, जहाँ आपका स्कोर सबसे कम है। आपके जीवन में सबसे तेज़ सुधार तब होंगे, जब आप उस विशेष क्षेत्र में सुधार करेंगे।

समृद्ध विश्वदर्शन

इन चार मंज़िलों में से किसी की भी ओर उड़ान भरते समय आपके पास दो नज़रिये हो सकते हैं : समृद्धि का नज़रिया या अभाव का नज़रिया। अगर आपके पास समृद्धि का नज़रिया है, तो आप आत्मविश्वासी, आशावादी व सकारात्मक होंगे और लगातार अपने सपनों की दिशा में विश्वासपूर्वक काम करेंगे।

जब आपका नज़रिया समृद्धि का होता है, तो आप संसार को अच्छा मानेंगे। आपके मन में यह विश्वास होगा कि संसार एक अच्छी जगह है, जहाँ ज़्यादातर लोग अच्छे हैं। आप यह महसूस करेंगे कि यह जीने के लिए सर्वश्रेष्ठ समय है।

इसका यह मतलब नहीं है कि आप संसार की समस्याओं या मुश्किलों के बारे में जागरूक नहीं हैं, लेकिन आप जानते हैं कि ये समस्याएँ हमेशा से मौजूद रही हैं। समृद्धि का नज़रिया रखकर आप ज़्यादा सकारात्मक और सृजनात्मक बनेंगे, समस्याओं के बजाय समाधानों पर ज़्यादा केंद्रित बनेंगे। आप इस बारे में ज़्यादा परवाह करेंगे कि मामले को बेहतर बनाने के लिए क्या किया जा सकता है; आप इस बात की चिंता नहीं करेंगे कि किसे दोष देना है या अतीत में क्या हुआ है।

अगर आपमें अभाव का नज़रिया है, तो आप ठीक विपरीत होंगे। आप विश्वास करेंगे कि सफलता काफ़ी हद तक क़िस्मत का मामला है और जो लोग सफल हैं, शायद उन्होंने अपना पैसा दूसरों को धोखा देकर या घपला करके कमाया है। आप हर जगह शोषण और पक्षपात देखेंगे।

आप आसानी से पुराने बहानों को मान लेंगे : ''अमीर लोग ज़्यादा अमीर बनते हैं, जबकि ग़रीब ज़्यादा ग़रीब बनते हैं,'' ''आप क्या जानते हैं, यह महत्त्वपूर्ण नहीं होता; महत्त्वपूर्ण तो यह होता है कि आप किसे जानते हैं,'' ''आप सरकार से नहीं लड़ सकते।''

आप जो भी नज़रिया विकसित करते हैं, वह शक्तिशाली होता जाता है। आपका बाहरी संसार हमेशा आपके आंतरिक संसार के अनुरूप होगा। चूँकि आप यह किताब पढ़ रहे हैं, इसलिए ज़ाहिर है, आपमें समृद्धि और दयालुता का विश्वदर्शन या नज़रिया है। आपके पास नियंत्रण का उच्च अहसास है और आप विश्वास करते हैं कि आपके साथ जो चीज़ें होती हैं, उनमें से ज़्यादातर को आप स्वयं तय करते हैं।

अगर आप सकारात्मक और सृजनात्मक इंसान हैं, तो आप अपने लिए और अपने साथ होने वाली हर चीज़ की जिम्मेदारी स्वीकार करते हैं। आप दूसरों को दोष नहीं देते हैं या बहाने नहीं बनाते हैं। अगर आप किसी स्थिति से ख़ुश नहीं हैं, तो इसे बदलने के लिए कुछ करते हैं। और अगर आप इसे नहीं बदल सकते, तो आप इसे स्वीकार कर लेते हैं, लेकिन आप कभी शिकायत नहीं करते।

अपनी मंज़िल की रूपरेखा तैयार करें

आप अपनी मंज़िल और लक्ष्यों को तय करने में जितना ज़्यादा समय लगाते हैं, उन तक पहुँचना आपके लिए उतना ही ज़्यादा तेज़ और आसान होगा। आपका भावी इरादा हर दिन आपके वर्तमान कार्यों को तय करेगा। संभवत: सबसे महत्त्वपूर्ण प्रश्न से शुरुआत करें : **मैं अपने जीवन में सचमुच क्या करना चाहता हूँ?**

जब आप अपने जीवन के किसी हिस्से में अपने लिए लक्ष्य तय करें, तो पूरी तरह स्वार्थी बन जाएँ। आदर्शीकरण करें। सटीकता से पता लगाएँ कि कौन सी परिस्थितियाँ आपको सबसे ज़्यादा ख़ुश करेंगी और आपको सबसे ज़्यादा संतुष्टि देंगी, अगर आप उन्हें हासिल करते हैं।

कल्पना करें कि आप अपने जीवन पर जादू की छड़ी लहराकर इसे हर तरह से आदर्श बना सकते हैं। यह कैसा दिखेगा? आप कौन सा सपना

देखने की हिम्मत करेंगे, अगर आपको पता हो कि आप कभी असफल नहीं हो सकते?

जब आप यह प्रश्न पूछते हैं, तो कल्पना करें कि किसी तरह की कोई *सीमा* नहीं है। कल्पना करें कि आपके पास वह सारा समय, सारा पैसा, सारा ज्ञान, सारी योग्यताएँ, सारे मित्र और संपर्क, सारी शिक्षा व सारी क्षमता है, जिनकी ज़रूरत आपको किसी भी लक्ष्य को हासिल करने के लिए है, जो आप ख़ुद के लिए तय करते हैं। इसे दूसरी तरह से कहें, तो कल्पना करें कि आपके पास एक क्रेडिट कार्ड है, जिसकी कोई सीमा नहीं है और आप किसी भी मंज़िल की तरफ़ उड़ सकते हैं।

आपका आदर्श करियर व आमदनी

अपनी नौकरी और करियर से शुरुआत करें। अगर आपकी आमदनी आदर्श हो, तो आप कितना कमाएँगे? अगर आपका ऑफ़िस आदर्श हो, तो आप किस तरह की कंपनी या संगठन में काम करेंगे? अगर आप अपनी नौकरी की योजना बना सकते होते, तो आप काम करने में सबसे ज़्यादा आनंद कैसे लेते और किन तरीक़ों से सबसे ज़्यादा उत्पादक बनते? आपमें कौन से विशेष गुण और योग्यताएँ हैं, जिनका इस्तेमाल आप सबसे ऊँचे संभव स्तर पर करना चाहेंगे?

चूँकि आपको ज़्यादातर जीवन किसी नौकरी में काम करना है, इसलिए इस बारे में पूरी तरह स्पष्ट रहना आपकी मुख्य जिम्मेदारी है कि आपके लिए आदर्श नौकरी कैसी होगी। जैसा नेपोलियन हिल ने कहा था, ''सफलता की कुंजी यह तय करना है कि आपको क्या करने में सबसे ज़्यादा आनंद आता है, फिर इसे करते समय अच्छी आजीविका कमाने का रास्ता खोज लें।''

अगर आप दिन भर में सिर्फ़ एक चीज़ कर सकें और उसे करने के लिए आपको अच्छे पैसे मिलें, तो वह कौन सी चीज़ होगी?

आपके स्वाभाविक गुण और योग्यताएँ

वेन डायर कहते हैं कि हर बच्चा संसार में गोपनीय आदेशों के साथ आता

है। आपके गोपनीय आदेश क्या हैं? आप क्या करने के लिए पैदा हुए थे? वे कौन सी विशेष गुण, योग्यताएँ, रुचियाँ, इच्छाएँ और क्षमताएँ हैं, जो आपको अनूठा बनाती हैं - बाक़ी सब लोगों से अलग? आप कैसे जानेंगे कि आप वह कर रहे हैं, जो करने के लिए आपको यहाँ भेजा गया था? आप कैसे बता सकते हैं?

नीचे दस सूचक दिए जा रहे हैं, जिनका इस्तेमाल करके आप तय कर सकते हैं कि आप सही क्षेत्र में हैं और वही कर रहे हैं, जिसे करने के लिए आपको इस धरती पर भेजा गया था :

1. आप अपनी नौकरी से *प्रेम* करते हैं। इसमें आपकी रुचि है, यह आपको मोहित और आकर्षित करती है।
2. आप अपनी नौकरी में *उत्कृष्ट* बनना चाहते हैं और अपने क्षेत्र में शीर्षस्थ 10 प्रतिशत लोगों के समूह में पहुँचना चाहते हैं।
3. आप अपने क्षेत्र के *शीर्षस्थ* लोगों की प्रशंसा करते हैं और उनके जैसे बनना चाहते हैं तथा उनके जितनी सफलता हासिल करना चाहते हैं।
4. आपको अपने चुने हुए क्षेत्र के बारे में *सीखना* पसंद है - इसके बारे में पढ़ना, इस पर कोर्स और व्याख्यान सुनना, इसके बारे में ऑडियो प्रोग्राम सुनना। आप जीवनभर इसके बारे में सीखने से कभी नहीं थकते।
5. आपके लिए सही काम वह है, जिसे सीखना और करना आपके लिए आसान है। यह आपको *नैसर्गिक* महसूस होता है, हालाँकि यह ज़्यादातर दूसरे लोगों के लिए मुश्किल है।
6. जब आप अपने काम में पूरी तरह जुट जाते हैं, तो *समय ठहर जाता है।* आप अक्सर खाना-पीना, आराम करना या ब्रेक लेना भूल जाते हैं।
7. इस क्षेत्र में सफलता के अनुभव आपको आत्म-गौरव और संतुष्टि की सबसे बड़ी भावनाएँ देते हैं, जीवन में आपके *शिखर अनुभव।* आपसे दोबारा सफलता हासिल करने का इंतज़ार नहीं होता।

8. जब आप अपना *मनचाहा* काम नहीं करते हैं, तो आप इसके बारे में सोचना और बात करना पसंद करते हैं। यह आपके जीवन के साथ गुँथा हुआ है।
9. आप अपने क्षेत्र के दूसरे लोगों के साथ जुड़ना और हर अवसर पर उसी क्षेत्र के बारे में बात करना पसंद करते हैं।
10. आप इस काम को *जीवनभर* करना चाहते हैं और कभी रिटायर नहीं होना चाहते, क्योंकि आपको इसमें बहुत ज़्यादा आनंद आता है।

कहा गया है, ''वह करो, जिससे तुम प्रेम करते हो; पैसा अपने आप आएगा।'' सच्ची सफलता यह खोजने से आती है कि आपको क्या करने से प्रेम है; फिर अपने पूरे दिल से इसे बेहतर और बेहतर बनाते जाएँ। अपनी आदर्श नौकरी या करियर को तय करना असली मंज़िल चुनने और अपनी संभावना तक पहुँचने के लिए अनिवार्य है।

आपका आदर्श व्यक्तिगत जीवन

अपने परिवार, संबंधों और व्यक्तिगत जीवन पर जादू की छड़ी घुमाएँ। यदि आपका पारिवारिक जीवन आदर्श हो, तो यह कैसा दिखेगा? आप किस तरह की जीवनशैली का आनंद लेंगे? आप कहाँ रहेंगे? आप कैसे घर में रहेंगे? आप अपने परिवार के सदस्यों के साथ दिन-रात कैसे बिताएँगे, हर दिन?

अगर आप शादी-शुदा नहीं हैं, तो अपने लिए आदर्श संबंध का वर्णन करें। अपने सपनों के इंसान की कल्पना करें। उस व्यक्ति के हर गुण और विशेषता को लिखें, जो आपके लिए आदर्श इंसान में होनी चाहिए। जब आप इस बारे में पूरी तरह स्पष्ट हो जाते हैं कि सही व्यक्ति कैसा दिखता है, तो आप यह देखकर हैरान रह जाएँगे कि आपको अपने लिए सही व्यक्ति कितनी जल्दी मिल जाएगा।

अगर आपका व्यक्तिगत जीवन हर मायने में आदर्श हो, तो आप अपने समय और जीवन को किस तरह बिताएँगे? आप किस तरह की कार चलाएँगे? आप किस तरह की छुट्टियाँ मनाएँगे? आप किस तरह की जगहों

पर सैर करने जाना चाहेंगे? हर दिन, हर सप्ताह, हर महीने और हर साल का अपना आदर्श कैलेंडर बनाएँ। आप क्या चाहते हैं, यह जानना इसे पाने की दिशा में पहला क़दम है।

कल्पना करें कि कोई सीमाएँ नहीं हैं

अगर आपका स्वास्थ्य आदर्श हो, तो यह आज आपके स्वास्थ्य से किस तरह अलग होगा? आपका वज़न कितना होगा? आप कितने फ़िट होंगे? आप किस तरह के आहार लेंगे? आप हर दिन और हर सप्ताह किस तरह का शारीरिक व्यायाम करेंगे? कल्पना करें कि आप अपने आदर्श शरीर को आकार दे सकते हैं। यह कैसा दिखेगा?

अंत में, अगर आपका वित्तीय जीवन हर दृष्टि से आदर्श हो, तो आपके पास कितने पैसे होंगे? आपके पास बैंक में कितने पैसे होंगे? आपके पास निवेश में कितना पैसा होगा, जो आपके लिए काम कर रहा होगा? आपकी नेट वर्थ कितनी होगी? आप हर महीने और हर साल निष्क्रिय आमदनी के रूप में कितना कमा रहे होंगे? ख़ासतौर पर आपकी नेट वर्थ कितनी होगी?

इन प्रश्नों के जवाबों के संबंध जितने ज़्यादा स्पष्ट होंगे, आपके लिए अपनी मंज़िल की योजना बनाना और अपना फ़्लाइट प्लान तय करना उतना ही ज़्यादा आसान होगा।

वित्तीय स्वतंत्रता

यहाँ एक सरल अभ्यास है : यह तय करें कि अगर आपकी ज़रा भी आमदनी न हो, तो आपको आरामदेह तरीक़े से रहने में हर महीने कितना ख़र्च आएगा। मकान, भोजन, यात्रा, इलाज के ख़र्च, वैकेशन और मनोरंजन के सभी ख़र्च शामिल करें। इस संख्या को 12 से गुना कर लें (एक साल में महीनों की संख्या) और जो परिणाम आए, उसे 20 से गुना कर लें (रिटायर होने के बाद जीवित रहने के संभावित वर्ष)। यह राशि आपका रिटायरमेंट लक्ष्य है। वित्तीय दृष्टि से आजीवन स्वतंत्र होने के लिए आपके पास इतनी पूँजी होनी चाहिए।

फिर अपनी नेट वर्थ का पता लगाएँ। काग़ज़ पर हिसाब लगाएँ कि आज आपकी नेट वर्थ कितनी है। कल्पना करें कि आप अपने स्वामित्व की हर चीज़ बेचकर विदेश जाकर रहने वाले हैं। अगर आप आज अपनी सारी संपत्तियाँ बेच दें, तो आपको कुल कितनी राशि मिलेगी? जब आप लोन के लिए आवेदन देते हैं, तो बैंक इस तरह का विश्लेषण करता है। क़र्ज़ देने वाला जानना चाहता है कि आपके पास कितना पैसा है, कितनी देनदारी है और कुल नक़द पैसा कितना है।

आपकी वर्तमान नेट वर्थ आपका शुरुआती बिंदु है। आपके पास रिटायरमेंट लक्ष्य की वित्तीय मंज़िल भी है, वह संख्या, जिस तक आप आने वाले वर्षों में पहुँचना चाहते हैं। अब आप कर्म करने के लिए तैयार हैं।

भविष्य से पीछे आने वाली सोच

अपने जीवन के किसी क्षेत्र में अपनी अंतिम मंज़िल तय करने में 'दीर्घकालीन दृष्टिकोण' का अभ्यास करें। हर क्षेत्र में सबसे सफल लोग, जिस तकनीक का इस्तेमाल करते हैं, उसके लिए कई साल आगे जाकर यह तय करना होता है कि आप उस अवधि के अंत में कहाँ पहुँचना चाहते हैं।

फिर आप 'भविष्य से पीछे लौटने वाली सोच' का अभ्यास करते हैं। भविष्य के आदर्श बिंदु से अपनी कल्पना में आप वर्तमान तक पीछे आते हैं, फिर आप सोचते हैं कि आज से शुरू करते हुए आप कौन से क़दम उठा सकते हैं, ताकि आप अपनी वर्तमान जगह से उस जगह पर पहुँच जाएँ, जहाँ आप भविष्य में पहुँचना चाहते हैं।

यह दीर्घकालीन दृष्टिकोण ख़ुद को और अपने जीवन को ज़्यादा स्पष्टता से देखने में आपकी मदद करता है। यह उजागर करता है कि अगर आप सचमुच अपनी मंज़िल तक पहुँचना चाहते हैं, तो आपको क्या करने और क्या करना छोड़ने की ज़रूरत है।

जब आप अपनी मंज़िल के बारे में पूरी तरह स्पष्ट होते हैं, तो आप हर दिन और हर घंटे अपने कार्यों के संबंध में ज़्यादा आसानी से निर्णय ले सकेंगे। रहस्य बस यह सुनिश्चित करना है कि आज आप जो भी करते हैं, आपका हर निर्णय आपको अपनी चुनी हुई मंज़िल की ओर आगे ले जा रहा हो।

चार शक्तिशाली तकनीकें

अपनी मंज़िल तय करने में अपनी प्रगति को तेज़ करने और नियत समय पर लक्ष्य हासिल करने की संभावना को बढ़ाने के लिए आप चार विशेष तकनीकों का इस्तेमाल कर सकते हैं। ये हैं शब्दीकरण, मानसिक चित्रण, *भावनाकरण* और *तार्किकीकरण।* आइए उन्हें क्रम से देखते हैं :

1. *शब्दीकरण :* शब्दीकरण में आप एक स्पष्ट, विशिष्ट और नापने योग्य लक्ष्य लिखते हैं। आप उस टारगेट तक नहीं पहुँच सकते, जिसे आप देख न सकते हों। आप उस लक्ष्य को हासिल नहीं कर सकते, जिसे आप स्पष्टता से शब्दों में व्यक्त न कर सकते हों। आप जिस लक्ष्य को हासिल करना चाहते हैं, उसके सटीक वर्णन में आप जितना ज़्यादा समय लेते हैं, आपके लिए यह सुनिश्चित करना उतना ही ज़्यादा आसान होगा कि आपका हर क़दम सही दिशा में उठे।
2. *मानसिक चित्रण :* आपके बाहरी जीवन में समस्त सुधार स्वयं और अपने मनचाहे भविष्य की बेहतर मानसिक तसवीरों से शुरू होता है। मानसिक चित्रण में आप अपने आदर्श लक्ष्य या मंज़िल की स्पष्ट और विस्तृत मानसिक तसवीर बनाते हैं।

   मानसिक चित्रण की योग्यता आपकी सबसे अविश्वसनीय शक्तियों में से एक है। जब आप अपने आदर्श लक्ष्य की तसवीर को इस तरह चलाते हैं, मानो यह पहले ही साकार हो चुका हो, तो हर बार आप इस संदेश को अपने अवचेतन मन में ज़्यादा गहरा अंकित करते जाते हैं। आप अपने लक्ष्य को जितनी स्पष्टता से मन में देख सकते हैं, यह आपकी वास्तविकता में उतनी ही ज़्यादा जल्दी प्रकट होगा।
3. *भावनाकरण :* जिस लक्ष्य का आपने शब्दीकरण और मानसिक चित्रण किया है, जब आप उसका भावनाकरण करते हैं, तो आप अपने भीतर वे भावनाएँ उत्पन्न करते हैं, जिनका अनुभव आप लक्ष्य हासिल करने पर करेंगे। लक्ष्य को हासिल करने की आपकी इच्छा जितनी गहन होगी, आप इसके पीछे उतनी

ही ज़्यादा शक्ति व ऊर्जा लगाएँगे और आप उतनी ही तेज़ी से इसकी ओर बढ़ेंगे।

जब आप लक्ष्य हासिल होने पर होने वाली ख़ुशी, आनंद, गर्व और प्रसन्नता की भावनाओं की कल्पना करते हैं, तो आप लक्ष्य प्राप्ति की अपनी मानसिक शक्तियों को कई गुना कर लेते हैं।

4. *तार्किकीकरण :* आप लक्ष्य तक क्यों पहुँचना चाहते हैं और इसे हासिल करने पर आपको कौन से लाभ होंगे, उन सभी कारणों को लिखकर आप अपने लक्ष्य का तार्किकीकरण करते हैं। उन सभी तरीक़ों की सूची बनाएँ, जो बताते हैं कि इस लक्ष्य को हासिल करने से आपका जीवन किस तरह बेहतर होगा। जैसा नीत्शे ने लिखा था, "जिसके पास पर्याप्त शक्तिशाली 'क्यों' होता है, वह लगभग किसी भी 'कैसे' को बर्दाश्त कर सकता है।"

   कारण उपलब्धि की भट्टी का ईंधन हैं। आपके पास किसी लक्ष्य को हासिल करने के जितने ज़्यादा कारण होंगे, आप उतने ही ज़्यादा प्रेरित और संकल्पवान हो जाएँगे। आपके पास जितने ज़्यादा कारण होंगे, आप विपत्ति में उतनी ही ज़्यादा लगन दिखाएँगे। आपके पास जितने ज़्यादा कारण होंगे, आप मुश्किलों से उबरने और बाधाओं को हटाने में उतने ही ज़्यादा सृजनात्मक बनेंगे। आपके पास जितने ज़्यादा कारण होंगे, यह उतना ही ज़्यादा संभव है कि आप अपनी मंज़िल की दिशा में काम करते समय अजेय बन जाएँगे, जिसे *रोका नहीं जा सकता।*

इसे विश्वसनीय बनाएँ

एक महत्त्वपूर्ण बिंदु : यह सुनिश्चित करें कि लक्ष्य विश्वसनीय और यथार्थवादी दोनों हों। जैसा नेपोलियन हिल ने कहा था, "मनुष्य का मस्तिष्क, जिसकी भी कल्पना और विश्वास कर सकता है, उसे यह हासिल भी कर सकता है।"

जब आप एक रोमांचक भावी मंज़िल का निर्णय लें, तो आपका लक्ष्य यथार्थवादी होना चाहिए। यह ऐसा होना चाहिए, जो आपको अपने मन में विश्वसनीय लगना चाहिए। यह ऐसा होना चाहिए कि आपको थोड़ा प्रयत्न तो करना पड़े, लेकिन आपको आत्मविश्वास हो कि आप उसे हासिल कर सकते हैं।

लक्ष्यों को विश्वसनीय बनाने का कारण यह है : अगर आप कोई ऐसा लक्ष्य तय करते हैं, जो आपकी वर्तमान उपलब्धियों से बहुत ज़्यादा आगे का हो, तो यह आपको प्रेरित करने के बजाय हतोत्साहित करेगा। जब आप बहुत ऊँचे लक्ष्य तय करते हैं, तो आपके अवचेतन मन की 'सर्किट ब्रेकर' प्रणाली आपकी प्रेरणा को ख़त्म कर देती है।

अगर आपको *चेतन मन* में यह पूरा विश्वास नहीं है कि आप कोई लक्ष्य हासिल कर सकते हैं, तो आपकी मानसिक शक्तियाँ इसे हासिल करने के लिए सक्रिय नहीं हो पाएँगी। इसके बजाय आप कुछ समय तक तो रोमांचित और प्रेरित रहेंगे, लेकिन जैसे ही लक्ष्य प्राप्ति में अवश्यंभावी रूप से आने वाली विपत्ति और निराशा से आपका सामना होगा, आप निराश होकर प्रयास छोड़ देंगे।

दौड़ने से पहले चलें

बहुत बार लोग किसी सेमिनार के बाद मेरे पास आते हैं और कहते हैं कि उन्होंने अपना वित्तीय लक्ष्य तय कर लिया है। जब मैं उनसे पूछता हूँ कि यह क्या है, तो वे मुझे बताते हैं कि उन्होंने अगले एक-दो साल में मिलियनेयर या अरबपति बनने का निर्णय ले लिया है।

लगभग हर प्रकरण में पता चलता है कि इन लोगों के पास कोई पैसा नहीं है या बहुत कम है। वे अक्सर तीस या चालीस साल के पार के होते हैं और उनके पीछे वित्तीय कुप्रबंधन का आजीवन अनुभव होता है। इसके बावजूद वे सोचते हैं कि वे अपने सारे पुराने अनुभवों को समाप्त कर सकते हैं और बहुत कम तैयारी, बहुत कम संसाधनों और वहाँ पहुँचने की योजना के किसी स्पष्ट विचार के बिना दौलतमंद बन जाएँगे। वे विश्वास करते हैं कि ऐसा करने के लिए उन्हें सिर्फ़ सुखद विचार सोचना है और वे जादू से

ज़रूरत की हर चीज़ को अपनी ओर आकर्षित कर लेंगे, ताकि कुंठा और असफलता के दशकों के सिलसिले से उबर जाएँ।

जब लोग मुझसे कहते हैं कि वे जल्दी से जल्दी मिलियनेयर बनना चाहते हैं, तो मैं उन्हें सुझाव देता हूँ कि वे पहले 'हज़ारपति' बनें। जब वे एक हज़ार डॉलर बचाने और कर्ज़ से बाहर निकलने में कामयाब हो जाएँ, तो इसके बाद वे ''दसहज़ारपति'' बन सकते हैं आदि। महान चीज़ें हासिल करने के लिए महान प्रयासों की ज़रूरत होती है। हर व्यक्ति को दौड़ने से पहले चलना आना चाहिए।

पात्रता का प्रश्न

आज बड़ा अग्रिम मोर्चा बाहरी अंतरिक्ष नहीं है। यह तो *आंतरिक स्थान* है – मस्तिष्क की अविश्वसनीय शक्तियों को पहचानना व मुक्त करना।

बचपन के अनुभवों और अन्य घटकों की वजह से आपके भीतर गहराई में मनोवैज्ञानिक अवरोध होते हैं, जो आपकी संभावना पर 'मानसिक ब्रेक' लगा देते हैं। महान चीज़ें हासिल करने का शुरुआती क़दम यह है कि आप इन मानसिक ब्रेक्स को पहचानकर हटा दें, ताकि जीवन में पहले से ज़्यादा तेज़ी से आगे बढ़ सकें।

अपात्रता का भाव बहुत हानिकारक अचेतन अवरोध है। इसमें आप अपने हृदय की गहराई में यह महसूस करते हैं कि आप ख़ुश, स्वस्थ और दौलतमंद बनने के अधिकारी या पात्र नहीं हैं। ज़्यादातर लोगों में कुछ हद तक अपात्रता का भाव होता है, लेकिन कई लोगों के लिए यह उनकी सफलता की राह में बड़ी बाधा बन जाता है। यह अवरोध इस भावना में व्यक्त होता है, ''मैं पर्याप्त अच्छा नहीं हूँ।''

दूसरों के लिए मूल्य का निर्माण करें

तथ्य यह है कि आप ज़िंदगी में सारी अच्छी चीज़ों के हक़दार हैं, जिनकी आप कल्पना कर सकते हैं, बशर्ते आप दूसरे लोगों तथा संसार के प्रति कोई मूल्यवान चीज़ करके या योगदान देकर उन्हें हासिल कर सकें। जब आप अपने गुणों तथा योग्यताओं का विकास करते हैं, कड़ी मेहनत करते हैं

और अच्छा काम करते हैं, जिससे दूसरों को लाभ होता है, तो आप मिलने वाली सारी मान्यता और पुरस्कारों के हक़दार हैं। आपको किसी तरह का अपराधबोध रखने या अपात्र महसूस करने की कोई ज़रूरत नहीं है। जब आप दूसरों के जीवन में मूल्य का योगदान देते हैं, तो आप उस मूल्य में से थोड़ा स्वयं के लिए रखने के लिए पात्र होते हैं। यह सरल अवधारणा स्वतंत्र बाज़ार और स्वतंत्र समाज का आधार है।

जब आप भारी वित्तीय सफलता हासिल करते हैं, तो लोग आपसे पूछ सकते हैं, "क्या आप इतने सारे पैसा बनाने में अपराधी महसूस नहीं करते?" आप गर्व और आत्मविश्वास के साथ जवाब दे सकते हैं, "बिलकुल नहीं। मैंने निर्णय लिया है कि ग़रीबों की मदद करने का सबसे अच्छा तरीक़ा ग़रीब न बनना है।"

स्वैच्छिक विनिमय का अभ्यास

यह हमें एक महत्त्वपूर्ण बिंदु पर लाता है। सारा पैसा किसी तरह की दौलत का निर्माण करने से आता है। किसी व्यक्ति के पास आने वाला ज़्यादातर पैसा इस बात का परिणाम होता है कि वह किसी प्रॉडक्ट के उत्पादन या किसी ख़ास धनराशि के बदले सेवा करने में अपना समय और प्रयास लगाता है।

दूसरे शब्दों में, हर डॉलर जिसे आप वित्तीय स्वतंत्रता की राह पर हासिल करना चाहते हैं, किसी के पास से आना होता है, जिसने उस पैसे को अर्जित करने के लिए काम किया है। हर डॉलर जिसे आप हासिल करना चाहते हैं, वह कोई दूसरा आपको स्वेच्छा से देगा, जिसने उस धनराशि को स्वयं कमाने के लिए कड़ी मेहनत की है।

जीवन में मुख्य प्रश्न यह बन जाता है, मैं दूसरे लोगों के इस धन का *हक़दार* बनने के लिए क्या कर सकता हूँ?

योगदान की शक्ति

पीटर ड्रकर ने कहा था कि व्यवसाय और वित्त में हमारी ज़्यादातर ग़लतफ़हमियाँ ख़त्म हो सकती हैं, अगर हम 'सफलता' की जगह पर 'योगदान' शब्द लिखने लगें।

अपने चारों ओर देखने पर आप पाएँगे कि सबसे दौलतमंद लोग वे हैं, जो सबसे ज़्यादा लोगों के प्रति सबसे ज़्यादा योगदान दे रहे हैं। वे ऐसे प्रॉडक्ट्स और सेवाएँ बना रहे हैं, जिन्हें बड़ी संख्या में लोग उनके जीवन की गुणवत्ता को बेहतर बनाने के लिए इच्छा और उत्सुकता से ख़रीद रहे हैं।

वह प्रश्न, जिसे आपको पूछना और जवाब देना चाहिए, यह है, मैं दूसरे लोगों के प्रति ऐसा क्या योगदान देने जा रहा हूँ, जिससे वे मुझे वह धनराशि देना चाहें, जो मैं हासिल करना या कमाना चाहता हूँ? यह आपके वित्तीय जीवन के संदर्भ में सबसे महत्त्वपूर्ण प्रश्न हो सकता है। आप आज क्या कर रहे हैं? आप भविष्य में क्या कर सकते हैं? आप जिस पैसे को हासिल करना चाहते हैं, उस तरह के पैसे की पात्रता आपको क्यों है? आप दूसरों को कौन-सा मूल्य देने के लिए तैयार हैं, ताकि वे स्वेच्छा से आपको उनका पैसा दे दें, वह पैसा, जिसे उन्होंने उनके व्यक्तिगत प्रयासों से अर्जित किया है?

सबसे बढ़कर, ज्ञान, योग्यताओं व चरित्र के संदर्भ में आपको अंदर से किस तरह का व्यक्ति बनना होगा, ताकि आप उस तरह के जीवन के पात्र बन जाएँ, जो आप बाहर जीना चाहते हैं?

जब आप अपने बारे में सोचना छोड़ देते हैं और यह भी कि आप क्या पा सकते हैं और आप उन लोगों के दिलोदिमाग़ में जगह बनाना शुरू कर देते हैं, जिनकी आप सेवा करना चाहते हैं, तो आपको दूसरों की मदद करने की सभी तरह की संभावनाएँ और अवसर दिख जाएँगे। जब आप देने पर ध्यान केंद्रित करते हैं, तो आप सचमुच अमीरी की राह पर क़दम रखेंगे।

अध्याय दो

अपने फ़्लाइट विकल्पों की समीक्षा करें

हमारा महान काम यह देखना नहीं है कि दूरी पर धुँधला क्या है, बल्कि वह करना है, जो स्पष्ट रूप से हमारे हाथ के क़रीब है।

– थॉमस कार्लाइल

जब आप इस बारे में स्पष्ट बन जाते हैं कि आप कौन हैं, आप क्या चाहते हैं और आपके जीवन के हर क्षेत्र में आपके सच्चे लक्ष्य क्या हैं, तो आप उन अलग-अलग मार्गों का आकलन कर सकते हैं, जिनसे आप अपनी मंज़िल तक पहुँच सकते हैं। अब आप उन रणनीतियों व तकनीकों को तय कर सकते हैं, जिनका इस्तेमाल करके आप समय पर अपने लक्ष्य हासिल कर सकते हैं और अपनी मंज़िल पर पहुँच सकते हैं।

विकल्पों को लगातार विकसित करें

मैंने एक बहुत महत्त्वपूर्ण नियम यह सीखा है : आप उतने ही स्वतंत्र हैं, जितने आपके अच्छी तरह से विकसित विकल्प हैं।

मिसाल के तौर पर, अगर आपके पास किसी काम को करने का केवल एक तरीक़ा है और वह तरीक़ा काम नहीं करता है, तो आप अटक

जाएँगे। अगर आपके पास किसी लक्ष्य या मंजिल तक पहुँचने का केवल एक ही विकल्प है और अगर वह किसी कारण असफल हो जाए, तो आप ख़ुद को मझधार में पा सकते हैं।

सफल लोग लगातार विकल्प विकसित करते रहते हैं, क्योंकि हो सकता है कि कोई चीज़ उम्मीद के मुताबिक़ काम न करे। वे अप्रत्याशित झटकों या असफलताओं के ख़िलाफ़ सुरक्षा के लिए वैकल्पिक कार्ययोजना विकसित करते हैं। फलस्वरूप जब स्थिति गड़बड़ होती है, जैसी कि यह हमेशा होती है, तो सफल लोग शांत और तनावरहित रहते हैं। उन्होंने पहले ही सबसे बुरी संभव स्थिति के बारे में सोच लिया होता है और उन्होंने उससे निपटने की योजना पहले से बना रखी होती है।

अपने विकल्पों को बढ़ाएँ

अगर आपका लक्ष्य शारीरिक फ़िटनेस का बेहतरीन स्तर हासिल करना है, तो उन सात कामों की सूची बनाएँ, जो आप फ़िट, छरहरे और स्वस्थ बनने के लिए आज से शुरू कर सकते हैं। आपको क्या करना चाहिए और क्या छोड़ना चाहिए? अगर आप स्वास्थ्य और फ़िटनेस के बेहतरीन स्तरों को हासिल करना चाहते हैं, तो आपको सुबह उठने से लेकर सोने तक हर दिन की योजना कैसे बनानी चाहिए?

अगर आपका लक्ष्य सुखद परिवार या अद्भुत संबंध बनाना है, तो हर चीज़ की सूची बनाएँ, जो आप अपनी इच्छा को सच करने के लिए कर सकते हैं। अपने जीवन में महत्त्वपूर्ण लोगों से पूछें कि आप उनके साथ अपने संबंध बेहतर बनाने के लिए क्या ज़्यादा या क्या कम कर सकते हैं। आपके क्या शुरू करने या क्या छोड़ने से उन्हें ज़्यादा ख़ुशी मिलेगी?

अच्छे चयन और बेहतर निर्णय

सारा जीवन चयनों और निर्णयों की श्रृंखला है। आपके वर्तमान जीवन की गुणवत्ता काफ़ी हद तक अतीत में चुने गए विकल्पों और लिए गए निर्णयों की गुणवत्ता से तय होती है। इसी तरह भविष्य में आपके जीवन की गुणवत्ता उन चयनों और निर्णयों से तय होगी, जो आप आज करते हैं, ख़ासतौर पर

उन क्षेत्रों में जो आपके लक्ष्यों की समीक्षा करने और मंज़िल तक पहुँचने के लिए अत्यंत महत्त्वपूर्ण हैं।

किसी ख़ास नौकरी या किसी ख़ास कंपनी के लिए काम करने या कोई व्यवसाय शुरू करने का आपका चयन आपके जीवन और तक़दीर की पूरी दिशा बदल सकता है। इसलिए आपको इस बारे में पूरी तरह सोचने का पर्याप्त समय लेना चाहिए और अंतिम निर्णय पर पहुँचने से पहले अपने चयन के साथ पूरी तरह आरामदेह रहना चाहिए।

हम अपने एडवांस्ड कोचिंग प्रोग्राम्स में एक अवधारणा सिखाते हैं, जिसे 'प्रति घंटा दर' कहते हैं। हम अपने ग्राहकों से कहते हैं कि वे अपनी सालाना आमदनी में 2,000 का भाग दें, क्योंकि कोई एक्ज़ीक्यूटिव या उद्यमी एक साल में लगभग इतने ही घंटे काम करता है। जो राशि आती है, वह उनकी प्रति घंटे दर होती है।

मिसाल के तौर पर, अगर कोई साल भर में 50,000 डॉलर कमाता है और आप उस राशि में 2,000 से भाग देते हैं, तो प्रति घंटा दर 25 डॉलर निकलती है। अगर आप 1,00,000 डॉलर प्रति वर्ष कमाते हैं, तो आपकी प्रति घंटा दर 50 डॉलर निकलती है।

अपने समय और जीवन की योजना बनाने से पहले आपको इस बारे में पूरी तरह स्पष्ट होना चाहिए कि आज आपकी प्रति घंटा दर कितनी है और आप भविष्य में प्रति घंटे कितनी दर से कमाना चाहते हैं। इसका मतलब है कि आप कम मूल्य या शून्य मूल्य की गतिविधि पर जो एक घंटा ख़र्च कर रहे हैं, उसकी वजह से आपको 25 डॉलर या 50 डॉलर या ज़्यादा का नुक़सान हो रहा है। आप अपने कामकाजी दिन में जो भी करने का चयन करते हैं, वह या तो आपकी मनचाही प्रति घंटा दर पर आमदनी कमा रहा है या उतने पैसे का नुक़सान कर रहा है।

अपने समय के सर्वोच्च और सर्वश्रेष्ठ उपयोग को तय करें

आप चाहे कोई भी काम करने का विकल्प चुनें, किसी भी कंपनी में नौकरी करने का चयन करें, अपने समय या धन के किसी भी गतिविधि में निवेश

का चयन करें, लेकिन सावधानी से पहले अच्छी तरह विचार करके यह सुनिश्चित करें कि आप अपने समय तथा संसाधनों का सर्वोच्च और सर्वश्रेष्ठ उपयोग कर रहे हैं।

अगर आप अपने वर्तमान 'सीट सिलेक्शन' से ख़ुश नहीं हैं, तो निष्क्रिय रहने की बजाय प्रोएक्टिव बनें। अगर आप अपनी वर्तमान नौकरी से ख़ुश नहीं हैं, तो कोई बेहतर नौकरी खोजने में जुट जाएँ। अगर आप अपने वर्तमान संबंधों में ख़ुश नहीं हैं, तो अगर संभव हो, तो इसे बेहतर बनाएँ और अगर आप ऐसा नहीं कर सकते, तो दूर चले जाएँ।

कम में संतुष्ट न हों

अब्राहम मास्लो ने एक बार लिखा था, "मानव जाति की कहानी उन स्त्री-पुरुषों की कहानी है, जिन्होंने ख़ुद को कम में बेचा।"

डर और संकोच के कारण कई लोग उससे बहुत कम में संतुष्ट हो जाते हैं, जितना वे सचमुच हासिल करने में सक्षम हैं। वे ऐसी नौकरी करते रहते हैं, जिसे वे पसंद नहीं करते। वे ऐसे संबंध में बने रहते हैं, जिसमें वे ख़ुश नहीं रहते। वे ऐसी स्वास्थ्य आदतों में संलग्न होते हैं, जो उनके लिए हानिकारक होती हैं। वे अपने पैसे का निवेश उन चीज़ों में करते हैं, जिन्हें वे नहीं समझते हैं और जब उन्हें अहसास हो जाता है कि उन्होंने ग़लती कर दी है, उसके काफ़ी समय बाद तक वे पैसे को वहीं रहने देते हैं।

अगर आप अपने जीवन के किसी हिस्से से संतुष्ट नहीं हैं, यानी अपने वर्तमान सीट सिलेक्शन से ख़ुश नहीं हैं, तो याद रखें कि आप स्वतंत्र होने की क़ीमत हमेशा चुका सकते हैं। और आपको हमेशा पता होना चाहिए कि वह क़ीमत क्या है।

आप जो चाहते हैं, उसे माँगें

व्यवसाय और व्यक्तिगत जीवन में याद रखें कि जो शर्तें आपके सामने रखी जाती हैं, उनका निर्णय कोई दूसरा लेता है और वे किसी दूसरे द्वारा बदली जा सकती हैं। चाहे इसमें किसी नौकरी का वेतन और स्थितियाँ शामिल हों, किसी अनुबंध की शर्तें, प्रॉडक्ट्स या सेवाओं की लागत, ऑफ़िस या

उपकरण के रेंटल या लीज़ रेट्स या लोन या लाइन ऑफ़ क्रेडिट के लिए बैंक की शर्तें हों, अगर आप किसी कारण ख़ुश नहीं हैं, तो कोई अलग चीज़ माँगने में न हिचकिचाएँ।

याद रखें, आपके माँगने से *पहले* जवाब हमेशा नहीं है। इसलिए अगर आपके माँगने के बाद भी जवाब नहीं ही मिलता है, तो आप अपने जीवन के सिर्फ़ कुछ सेकंड गँवाते हैं, लेकिन अगर जवाब हाँ मिलता है, तो यह आपके पूरे भविष्य को बदल सकता है।

आप पुरानी कहावत जानते हैं, ''कोई प्रयास नहीं, कोई लाभ नहीं।'' बाइबल में कहा गया है, ''तुम्हारे पास इसलिए नहीं है, क्योंकि तुमने माँगा नहीं।'' कभी माँगने से न घबराएं।

चौड़ा जाल फेंकें

विचारों के मामले में नियम यह है : गुणवत्ता संख्या का मामला है। इसका मतलब है कि अपनी यात्रा शुरू करने से पहले आप अपने लक्ष्य तक पहुँचने के जितने ज़्यादा तरीक़े सोच सकते हैं, आपके चुने गए विकल्प की गुणवत्ता उतनी ही बेहतर होगी।

चौड़ा जाल फेंकें। आपके मन में जो पहला विचार आता है, उससे प्रेम न करें। आपको ख़ुद को लगातार याद दिलाना चाहिए कि *भावनाएँ मूल्यांकनों को विकृत* करती हैं। इसका मतलब है कि किसी कार्ययोजना के बारे में आप शुरुआत में जितने ज़्यादा भावुक होते हैं, आप सर्वश्रेष्ठ निर्णय लेने और अपनी मंज़िल तक पहुँचने का सर्वश्रेष्ठ तरीक़ा तय करने में उतने ही कम सक्षम होंगे।

अपने परामर्शदाता ख़ुद बनें

क़ल्पना करें कि आप एक परामर्शदाता हैं, जिसे उस कार्ययोजना पर सलाह देने के लिए बुलाया गया है, जो किसी लक्ष्य को हासिल करने या मंज़िल पर पहुँचने के बारे में है। अपने स्वयं के परामर्शदाता के रूप में शांत, तनावरहित और निष्पक्ष रहकर ख़ुद को सलाह दें।

निर्णय में भावना, जोश, उत्साह और समर्पण का एक निश्चित समय होता है, लेकिन यह केवल तब होता है, जब आप अपने लिए सर्वश्रेष्ठ तरीक़े का निर्णय ले लेते हैं। उस समय तक आपको यथासंभव अधिकतम विरक्त और निष्पक्ष रहना चाहिए, ताकि यह सुनिश्चित हो जाए कि आप सही निर्णय लें।

अपने विचारों के साथ प्रेम में न पड़ें, ख़ास तौर पर शुरुआती विचारों के साथ। हमेशा इस संभावना के प्रति जागरूक रहें कि उस लक्ष्य को हासिल करने का एक बेहतर तरीक़ा हो सकता है।

अमीरी की बुनियाद

अगर आपका लक्ष्य वित्तीय सफलता है, तो इसे स्थायी रूप से हासिल करने का केवल एक तरीक़ा है और यह है 'मूल्य जोड़ना'। सारी दीर्घकालीन, भविष्यसूचक और स्थायी दौलत किसी तरह से मूल्य जोड़ने से आती है। यह दूसरों को उनके मनचाहे और उनकी आवश्यकता के प्रॉडक्ट्स व सेवाएँ प्रदान करके उनकी सेवा करने से उत्पन्न होती है, जिनके लिए वे भुगतान करने के लिए तैयार रहते हैं, उन दूसरे लोगों के साथ प्रतिस्पर्धा में, जो उन्हीं लोगों को वैसे ही या भिन्न प्रॉडक्ट्स व सेवाएँ बेचना चाहते हैं। यह एक बुनियादी आर्थिक सिद्धांत है और यह दीर्घकालीन में अटूट है।

शायद बाइबल का महानतम नियम बोने और काटने का नियम है। "आप जो भी बोते हैं, वही आप काटेंगे।" आप अपने करियर, परिवार, स्वास्थ्य और वित्तीय जीवन में जो बोते हैं, वही आप अपने अनुभव में काटेंगे। आप आज जो फ़सल काट रहे हैं, वह उसका सीधा परिणाम है, जो आपने अतीत में बोया है। अगर आप अपनी वर्तमान 'फ़सल' से ख़ुश नहीं हैं, तो आज ही कोई भिन्न चीज़ बोना शुरू करें। आज ही किसी बेहतर तरीक़े से दूसरों के प्रति मूल्य जोड़ने में जुट जाएँ।

इस बात पर भी ग़ौर करें कि यह 'फ़सल काटने और बोने का नियम' नहीं है। हमेशा पहले बोना पड़ता है और अक्सर यह लंबे समय तक चलता है, जिसके बाद ही आप फ़सल काट सकते हैं।

अपनी किताब द *मिलियनेयर नेक्स्ट डोर* में थॉमस स्टैनली और विलियम डैंको ने बताया है कि अमेरिका में औसत स्व-निर्मित मिलियनेयर

ने मिलियन डॉलर की नेट वर्थ तक पहुँचने के लिए बाइस साल तक कड़ी मेहनत की, त्याग किए और विपत्तियाँ, मुश्किलें और अस्थायी असफलताएँ झेलीं। जो लोग सोचते हैं कि वे औसत को हरा देंगे और लंबी छलाँग लगाकर सबसे अगली वित्तीय पंक्ति में पहुंच जाएँगे, वे आम तौर पर आवश्यक कड़ी मेहनत करने के लिए तैयार नहीं होते और फलस्वरूप वे सारे जीवन सबसे पीछे वाली पंक्ति में ही रह जाते हैं। अपने साथ ऐसा न होने दें।

एक सूची से शुरू करें

अगर आपका लक्ष्य वित्तीय है, तो उन्हीं वित्तीय परिणामों को हासिल करने के लिए यथासंभव अलग-अलग तरीक़ों की सूची बनाएँ। आपके पास जितने ज़्यादा विकल्प होते हैं, आप उतना ही बेहतर निर्णय लेंगे। यहाँ आठ उदाहरण हैं :

1. आप एक नया व्यवसाय शुरू करके अपना लक्ष्य हासिल कर सकते हैं।
2. आप किसी मौजूदा व्यवसाय को ख़रीद सकते हैं और इसे ज़्यादा लाभदायक बना सकते हैं।
3. आप जो करते हैं, उसमें उत्कृष्ट बन सकते हैं, इसे करने के लिए बहुत अच्छा भुगतान पा सकते हैं और सावधानी से निवेश कर सकते हैं और अपने करियर में पैसे बचा सकते हैं।
4. आप रियल एस्टेट में निवेश कर सकते हैं, या तो मरम्मत कराकर दोबारा बेच सकते हैं या किराये पर उठाकर प्रबंधन कर सकते हैं।
5. आप किसी स्टार्टअप व्यवसाय में अपने विशेष गुणों व योग्यताओं का योगदान दे सकते हैं, स्टॉक ऑप्शन्स के बदले, बशर्ते कंपनी सफल हो जाए।
6. आप एक फ्रैंचाइज़ी ख़रीदकर उसे सफल बना सकते हैं।
7. आप अपने शौक या रुचि के क्षेत्र को पैसे बनाने के अवसर में बदल सकते हैं।

8. आप ख़ुद को एक सफल कंपनी में काम करने के लिए समर्पित कर सकते हैं, अपने काम में बेहद उत्कृष्ट बन सकते हैं और अपने क्षेत्र में सर्वोच्च वेतन वाले लोगों में से एक बन सकते हैं। इस ऊँची आमदनी का उचित तरीक़े से निवेश करके आप दौलतमंद बन सकते हैं।

इनमें से प्रत्येक तरीक़े को करोड़ों लोगों ने आज़माया है, जिन्होंने शून्य से शुरुआत की थी और वे आगे चलकर मिलियनेयर बने। और उनमें से प्रत्येक के लिए यह आवश्यक है कि आप दूसरों की सेवा करने में बहुत अच्छे बन जाएँ।

आशा कोई रणनीति नहीं है

याद रखें, आशा कोई रणनीति नहीं है। किसी नौकरी, व्यवसाय या संबंध में अपने समय, धन या भावना का निवेश करने से पहले जाँच करें। अपनी मंज़िल तक पहुँचने के संभावित मार्ग के हर विवरण की जाँच करें।

उसी मार्ग पर चल चुके दूसरों से सलाह लें। विशेषज्ञों से सीखें। उन लोगों से पूछें, जो उसी मंज़िल तक पहुंचे हैं कि उन्होंने यह कैसे किया और उन्होंने क्या सीखा। उनसे पूछें कि अगर उन्हें यह यात्रा दोबारा करनी पड़े, तो वे क्या अलग करेंगे।

अपने विकल्पों की समीक्षा में हमेशा इस संभावना के प्रति खुले रहें कि आप पूरी तरह ग़लत हो सकते हैं। इसे स्वीकार करने के लिए तैयार रहें और ज़रूरत होने पर एक अलग मार्ग चुनें।

कहा जाता है कि दो बिंदुओं के बीच की सबसे छोटी दूरी एक सीधी लकीर होती है। जब बात आपकी वर्तमान जगह से आपके लक्ष्य तक पहुँचने की होती है, तो हो सकता है कि यह बात पूरी तरह सच न हो। दरअसल, कई बार तो घुमावदार तरीक़ा वहाँ पहुँचने का ज़्यादा तेज़ तरीक़ा होता है।

आज कई लोगों को यह अहसास हो रहा है कि उनके वित्तीय लक्ष्य हासिल करने के लिए यह आवश्यक है कि वे अपनी शिक्षा और योग्यताओं को उन्नत करें। वे सामुदायिक कॉलेज में नाम लिखा रहे हैं, ऑनलाइन

डिग्री कर रहे हैं, कोर्स और सेमिनार में जा रहे हैं तथा उनके क्षेत्र में रुचि से पढ़ रहे हैं। वे मिट्टी में खाद-पानी डाल रहे हैं, ताकि वे अंततः ज़्यादा बड़ी फ़सल काट सकें।

सोचने की आपकी योग्यता

आपके लक्ष्य हासिल करने और जीवन में आपकी मंज़िल तक पहुँचने में आपके पास जो सबसे मूल्यवान संपत्ति है, वह है आपका मस्तिष्क। मूल्य इस बारे में स्पष्टता से सोचने की आपकी योग्यता में शामिल है कि आप कौन हैं और आप क्या चाहते हैं। आपकी पूरी 80 प्रतिशत या इससे ज़्यादा सफलता इस बात से तय होगी कि आपने इस बारे में स्पष्टता और सटीकता से सोचने में कितना समय लगाया है कि आप जीवन में क्या हासिल करना चाहते हैं और सफलता कैसी दिखेगी।

स्पष्ट, विशिष्ट और नापने योग्य वे लक्ष्य तय करने की आपकी योग्यता, जिन्हें आप प्रबलता से चाहते हैं और जो आपके सर्वश्रेष्ठ गुणों व योग्यताओं के सामंजस्य में हों, आपकी मंज़िल और आजीवन सफलता तक पहुँचने की दिशा में पहला असली क़दम है।

अध्याय तीन

अपना फ़्लाइट प्लान लिखें

हमारे लक्ष्य तक सिर्फ़ योजना के वाहन से ही पहुँचा जा सकता है, जिसमें हम उत्साह से विश्वास करते हों और जिस पर हम प्रबलता से काम करते हैं। सफलता का कोई दूसरा मार्ग नहीं है।

– स्टीफ़न ए. ब्रेनेन

कई लोग सोचते हैं कि स्पष्ट लक्ष्य तय करने के बाद सकारात्मक और आशावादी बनने से ही वे ख़ुश और सफल हो जाएँगे। यह लोग भूल जाते हैं कि हालाँकि अपनी मंज़िल को चुनना अत्यंत महत्त्वपूर्ण होता है, लेकिन यह सिर्फ़ शुरुआती बिंदु है। इसके बाद असली काम शुरू होता है। यही समय है, जब आप ख़ुद के और दूसरों के सामने यह प्रदर्शित करते हैं कि आप अपने लक्ष्य के बारे में सचमुच कितने गंभीर हैं।

तथ्य यह है कि सिर्फ़ 3 प्रतिशत लोगों के पास स्पष्ट, लिखित लक्ष्य होते हैं; सिर्फ़ 3 प्रतिशत लोगों के पास लक्ष्य हासिल करने की योजनाएँ होती हैं और सिर्फ़ 3 प्रतिशत वयस्क हर दिन अपने सबसे महत्त्वपूर्ण लक्ष्यों पर काम करते हैं। केवल शीर्षस्थ लोग अपने लक्ष्यों के बारे में ज़्यादातर समय सोचते हैं।

लक्ष्यों के बजाय ज़्यादातर लोगों के पास इच्छाएँ होती हैं। उनके पास आशाएँ, सपने और फंतासियाँ होती हैं। उनके पास ऐसे लक्ष्य होते हैं, जो

'सिगरेट के धुएँ' जैसे होते हैं। वे बहुत जल्दी ग़ायब और धुँधले हो जाते हैं, क्योंकि एकाग्रता और स्पष्ट दिशा नहीं होती।

आपके सपने का घर, आपके सपने का व्यवसाय, आपके सपने का मधुर संबंध या आपके सपने की नौकरी बस यही बनी रहती है, यानी एक सपना, जब तक कि आप 'हड्डियों पर गोश्त' नहीं चढ़ाते हैं। जब आप अच्छी तरह योजना बनाते हैं और अपनी यात्रा के हर विवरण की तैयारी कराते हैं, तभी आप समयसीमा में अपनी मंज़िल पर पहुँचने का विश्वास कर सकते हैं।

आपको पैमाने और प्रणाली दोनों की ज़रूरत होती है

अपने लक्ष्यों को गुणवत्ता और *संख्या* दोनों के हिसाब से परिभाषित करें। किसी लक्ष्य को *गुणवत्ता* के हिसाब से परिभाषित करते समय आप यह तय करते हैं कि आप उस लक्ष्य को हासिल करने के बाद कैसा सोचेंगे और महसूस करेंगे। आप गर्व, संतुष्टि, आनंद, ख़ुशी, प्रेम, शांति और सुख की भावनाओं की कल्पना करते हैं, जो आदर्श लक्ष्य हासिल करने के बाद अंदर उत्पन्न होंगी। इन भावनाओं को अपने भीतर जगाने के लिए आप यह कल्पना करते हैं कि आप लक्ष्य को हासिल कर चुके हैं।

लक्ष्य को *संख्यात्मक* रूप से परिभाषित करते वक़्त आप लक्ष्य के साथ विशिष्ट संख्याएँ जोड़ देते हैं। इससे आपको निशाना लगाने के लिए एक टारगेट मिलता है और अपनी प्रगति मापने की अनुमति मिलती है। अगर आप इसे माप नहीं सकते, तो आप इसका प्रबंधन नहीं कर सकते।

मिसाल के तौर पर, सभी लोग कहते हैं कि वे वित्तीय दृष्टि से स्वतंत्र बनना चाहते हैं, लेकिन जब आप उनसे इसका मतलब पूछते हैं, तो आम तौर पर वे ज़्यादा से ज़्यादा यही कह पाते हैं, "मैं मिलियनेयर बनना चाहता हूँ।"

लेकिन यह लक्ष्य बहुत अस्पष्ट है। 'वित्तीय स्वतंत्रता' का मतलब है कि आपके पास इतना पैसा हो कि आपको दोबारा कभी पैसे की चिंता न करनी पड़े। सवाल यह है, आपकी संख्या क्या है? आपको वास्तव में कितने पैसों की ज़रूरत होगी?

सरल भाषा में लक्ष्य निर्धारण

इससे पहले कि आप अपनी मंज़िल की ओर सचमुच 'उड़ान भरें', आप यात्रा की सफलता की संभावना बहुत ज़्यादा बढ़ाने के लिए योजना के कई क़दम उठा सकते हैं।

1. सटीकता से तय करें कि आप अपने जीवन के हर क्षेत्र में क्या चाहते हैं। विशिष्ट बनें। अपने लक्ष्य को इतनी स्पष्टता से परिभाषित करें, ताकि कोई बच्चा इसे समझ सके और किसी दूसरे बच्चे को समझा सके।

   मिसाल के तौर पर, "मैं बहुत सारे पैसे कमाना चाहता हूँ," यह कहने की बजाय आपको इस बारे में स्पष्ट रहना चाहिए कि 'बहुत सारे' का सटीकता से क्या मतलब है। आप किसी अस्पष्ट या धुँधली चीज़ को हासिल करने के बारे में प्रेरित और संकल्पवान नहीं बन सकते।
2. अपने लक्ष्य को लिखें और नापने योग्य बनाएँ। जो लक्ष्य लिखा नहीं जाता है, वह सिर्फ़ एक इच्छा है, "जिसके पीछे कोई ऊर्जा नहीं होती है।" जब आप इसे नापने योग्य बनाते हैं, तो आप एक स्पष्ट टारगेट बनाते हैं, जिस पर निशाना लगाया जा सकता है।
3. एक डेडलाइन तय करें। इस बारे में बिलकुल स्पष्ट रहें कि आप इस लक्ष्य को कब तक हासिल करना चाहते हैं। आपका अवचेतन मन डेडलाइन से प्रेम करता है। डेडलाइन आपकी मानसिक शक्तियों को सक्रिय कर देती है और आपको आगे प्रेरित करती है।
4. उन सभी बाधाओं को पहचानें, जिन्हें आपको लक्ष्य हासिल करने के लिए पार करना होगा। संभवत: क्या-क्या ग़लत हो सकता है? आपके तथा आपके लक्ष्य के बीच कौन सी बाधाएँ खड़ी हैं? आप इसी समय अपने लक्ष्य पर क्यों नहीं पहुँच सकते? कौन सी चीज़ आपको रोक रही है या रोक सकती है?

काग़ज़ पर सोचें! आप जितनी स्पष्टता से विभिन्न भावी समस्याओं और मुश्किलों को पहचान सकते हैं, अगर वे सामने आती हैं, तो आप उन्हें सुलझाने या हटाने के लिए उतने ही बेहतर तैयार होंगे।

5. उस अतिरिक्त ज्ञान और योग्यताओं को तय करें, जिनकी आवश्यकता आपको अपना लक्ष्य हासिल करने के लिए होगी। याद रखें, आपने जिस चीज़ को पहले कभी हासिल नहीं किया है, उसे हासिल करने के लिए आपको कोई ऐसी चीज़ सीखने और उसका अभ्यास करने की ज़रूरत होगी, जो आपने पहले कभी नहीं की है। आप आज जहाँ हैं, वहाँ तक जो लाया है, वह आपको इसके आगे तक ले जाने के लिए काफ़ी नहीं है। हर नए लक्ष्य में नई जानकारी या ज्ञान पर अमल करने या नई योग्यता हासिल करने की ज़रूरत होती है। आपके लिए यह क्या है? स्पष्टता अनिवार्य है।
6. उन लोगों को तय करें, जिनकी सहायता और सहयोग की ज़रूरत आपको लक्ष्य हासिल करने के लिए होगी। बड़े लक्ष्य हासिल करने के लिए आपको कई लोगों की सहायता की ज़रूरत होगी। ये लोग वास्तव में कौन हैं, इस बारे में आप जितने ज़्यादा स्पष्ट होते हैं, इस बात की उतनी ही ज़्यादा संभावना है कि आप उनका सहयोग और समर्थन हासिल करने के लिए आवश्यक क़दम उठाएँगे।
7. ऊपर दी गई सभी बातों के जवाबों की सूची बनाएँ और फिर क्रम व प्राथमिकता के हिसाब से उन्हें व्यवस्थित करें। आपको सबसे पहले क्या करने की ज़रूरत है? सबसे महत्त्वपूर्ण क्या है? योजना क्रम और प्राथमिकता के हिसाब से व्यवस्थित गतिविधियों की सूची है, उन कामों की क़दम दर क़दम श्रृंखला, जो अवश्यंभावी रूप से आपको आपके *लक्ष्य*, आपकी मंज़िल की ओर ले जाती है।

इन सात क़दमों पर चलकर आप लगभग किसी भी लक्ष्य को हासिल कर सकते हैं, जिसे आप अपने लिए तय करते हैं। नीचे एक आसान फ़ार्मूला

दिया गया है, जिसका इस्तेमाल करके आप अपनी सबसे महत्त्वपूर्ण मंज़िल, अपने नंबर वन लक्ष्य को तय कर सकते हैं।

सफलता की गारंटी का फ़ार्मूला

इस फ़ार्मूले से आप अपने जीवन का कायाकल्प कर सकते हैं और समय पर अपनी सबसे महत्त्वपूर्ण मंज़िल पर पहुँच सकते हैं। इसमें चार आसान क़दम हैं। पूरे संसार के लोगों ने मुझे बताया है कि इन चार क़दमों की बदौलत वे इतनी तेज़ी से लक्ष्य तक पहुँचे, जिसकी वे सपने में भी कल्पना नहीं कर सकते थे।

पहला क़दम : दस लक्ष्यों की तकनीक का इस्तेमाल करें

एक कोरा काग़ज़ लेकर उसके ऊपर 'लक्ष्य' और आज की तारीख़ लिखें। दस लक्ष्य लिखें, जो आप भविष्य में हासिल करना चाहते हैं। 'जादुई छड़ी' की तकनीक का इस्तेमाल करके कल्पना करें कि आपके पास किसी तरह की कोई सीमा नहीं हैं। दस चीज़ें लिखें, जो आप भविष्य में बनना, पाना या करना चाहेंगे, मानो हर एक के होने की गारंटी हो।

यहाँ कुछ दिशा-निर्देश हैं :

1. *वर्तमान* काल में लिखें, मानो आपका लक्ष्य हासिल हो चुका हो। ''मैं हर साल .... डॉलर कमाऊँगा,'' यह लिखने के बजाय लिखें, ''मैं हर साल .... डॉलर कमाता हूँ।'' आपका अवचेतन मन सिर्फ़ वर्तमान काल में कहे गए आदेश ही दर्ज कर सकता है।
2. *सकारात्मक* काल में लिखें। ''मैं सिगरेट छोड़ दूँगा'' (नकारात्मक) लिखने के बजाय लिखें, ''मैं ग़ैर-धूम्रपान वाला व्यक्ति हूँ।'' (सकारात्मक)।
3. *व्यक्तिगत* काल में लिखें। इस अभ्यास के लिए और आपके बाक़ी जीवन के लिए हर लक्ष्य को 'मैं' शब्द के साथ शुरू करें। आप पूरे संसार में एकमात्र व्यक्ति हैं, जो ख़ुद के संदर्भ में 'मैं'

> शब्द का इस्तेमाल कर सकते हैं। जब आप 'मैं' शब्द से किसी लक्ष्य का सकारात्मक दृढ़ कथन शुरू करते हैं, तो आपका अवचेतन मन और आपका अतिचेतन मन इसे 'मुख्य कार्यालय' से आने वाले महत्त्वपूर्ण आदेश के रूप में तुरंत स्वीकार कर लेता है।

आपके दस लक्ष्यों में से प्रत्येक लक्ष्य 'मैं' शब्द से शुरू होना चाहिए, वर्तमान में, सकारात्मक और व्यक्तिगत काल में होना चाहिए और इसमें डेडलाइन वाले शब्द होने चाहिए "________ तक।"

दूसरा क़दम : अपना सबसे महत्त्वपूर्ण लक्ष्य चुनें

जब आप अपने लक्ष्य लिख लें, तो कल्पना करें कि आप उन सभी को देर-सबेर हासिल कर लेंगे, बशर्ते आप उन्हें लंबे समय तक और पर्याप्त शिद्दत से चाहें, लेकिन यह कल्पना भी करें कि आप इन लक्ष्यों में से किसी एक को चुन सकते हैं और इसे चौबीस घंटे में सच कर सकते हैं।

अब ख़ुद से यह प्रश्न पूछें : इस सूची में वह एक लक्ष्य कौन-सा है, जिसे मैं अगर इसी समय हासिल कर सकूँ, तो उसका मेरे जीवन पर सबसे ज़्यादा सकारात्मक प्रभाव पड़ेगा? इस प्रश्न का आपका जो भी जवाब हो, उस लक्ष्य पर गोला लगा लें। यह अब आपका मुख्य *निश्चित उद्देश्य* बन जाता है – आपका प्राथमिक लक्ष्य और आपके जीवन की यात्रा के अगले पड़ाव पर आपकी सबसे महत्त्वपूर्ण मंज़िल।

तीसरा क़दम : एक योजना बनाएँ

इस लक्ष्य को एक साफ़ काग़ज़ पर ऊपर लिख लें। इसे वर्तमान, सकारात्मक, व्यक्तिगत काल में लिखना सुनिश्चित करें। इसका सटीकता से वैसा ही वर्णन करें, मानो आप इसे पहले ही हासिल कर चुके हों और इसे पूरा करने के लिए एक डेडलाइन तय करें।

आपको जिन मुश्किलों से उबरना होगा, उनकी सूची बनाएँ। आपको जिस अतिरिक्त जानकारी और योग्यताओं की ज़रूरत होगी, उसकी सूची

बनाएँ। लक्ष्य हासिल करने के लिए आपको किन लोगों के सहयोग की ज़रूरत होगी, उनकी सूची बनाएँ। इस जानकारी को एक योजना में व्यवस्थित करें और फिर अपनी मंज़िल की ओर बढ़ने के लिए तत्काल कर्म करें।

चौथा क़दम : अपने लक्ष्य पर विचारमंथन करें

विचारमंथन आपको इस मुद्दे पर गहनता से केंद्रित करता है कि अपने लक्ष्य कैसे हासिल करें। एक नया काग़ज़ लिखें और अपने बड़े निश्चित उद्देश्य को पेज़ के सबसे ऊपर एक प्रश्न के रूप में लिख लें। मिसाल के तौर पर, अगर आपका लक्ष्य वित्तीय है, तो आप लिख सकते हैं, ‘‘मैं 31 दिसंबर 20... तक .... डॉलर कैसे कमा सकता हूँ?’’

फिर ख़ुद को इस प्रश्न के बीस जवाब लिखने के लिए अनुशासित करें। आप बीस से ज़्यादा जवाब लिख सकते हैं, लेकिन आपको इस प्रश्न के कम से कम बीस जवाब लिखने होंगे।

आपके पहले तीन से पाँच जवाब काफ़ी आसान होंगे, जिनमें आप लिखेंगे कि आप क्या ज़्यादा या क्या कम कर सकते हैं। अगले पाँच जवाब ज़्यादा मुश्किल होंगे और उनमें ज़्यादा सृजनात्मकता की ज़रूरत होगी। आख़िरी दस जवाबों के लिए बहुत ज़्यादा एकाग्रता और अनुशासन की ज़रूरत होगी। आपको बीस जवाबों के लक्ष्य तक पहुँचने के लिए अपने सृजनात्मक मस्तिष्क के संसाधनों में गहरी खुदाई करनी होगी।

कर्म करें

एक बार जब आप बीस जवाब उत्पन्न कर लें, तो उनमें से एक जवाब चुनें और उस पर तुरंत काम शुरू कर दें। यह बहुत महत्त्वपूर्ण है। जब आप इनमें से एक विचार पर काम करने लगते हैं, तो आप सृजनात्मकता के अपने नैसर्गिक भंडार का ताला खोल लेंगे। आपके पास अपनी समस्याएँ सुलझाने और अपने लक्ष्य हासिल करने के लिए दिन भर नए विचार आएँगे। आप असाधारण स्तर पर प्रदर्शन करने लगेंगे।

अगर आप इन विचारों में से कम से कम एक के साथ तुरंत कुछ नहीं करते हैं, तो सृजनात्मकता का प्रवाह धीमा हो जाएगा और रुक जाएगा। आपको बहुत कम लाभ होगा। कुछ भी नहीं होगा।

आप किसी नए विचार पर कितनी जल्दी काम करते हैं और भविष्य में आप किसी नए विचार पर कितना काम कर पाएँगे, इसके बीच एक सीधा संबंध होता है।

जब आप गहनता से कर्म-केंद्रित होने की आदत डालते हैं, तो आप अपनी क्षमता के एक्सीलरेटर पर पैर रख देते हैं। आप अपने सबसे महत्त्वपूर्ण लक्ष्य को हासिल करने की ओर तेज़ी से बढ़ने लगेंगे।

यह अभ्यास जीवनभर नियमित रूप से करें। जब भी आप किसी संक्रमण काल से गुज़र रहे हों या आपको किसी नई मंज़िल की योजना बनाने की ज़रूरत हो, तो दस लक्ष्यों की सूची बनाएँ, सबसे महत्त्वपूर्ण को चुनें और फिर उसे हासिल करने के बीस तरीक़े उत्पन्न करने के लिए ख़ुद को अनुशासित करें, फिर एक विचार को चुनें और उस पर तुरंत काम शुरू कर दें।

दोबारा भविष्य से पीछे

अपने मस्तिष्क को लक्ष्य हासिल करने की डेडलाइन तक आगे ले जाएँ। कल्पना करें कि हर चीज़ आदर्श रूप से हो गई है और आप योजना व डेडलाइन के अनुरूप अपनी मंज़िल तक सटीकता से पहुँच गए हैं।

सफलता के शिखर से पीछे देखते समय, भविष्य से पीछे वर्तमान समय तक आते वक़्त इस वाक्य को कम से कम बीस जवाबों से पूरा करें : ''मैंने यह लक्ष्य इसलिए हासिल किया, क्योंकि मैंने....'' अपने दिमाग़ में आने वाली हर वह चीज़ लिख लें, जो आप अपनी सफलता को सुनिश्चित करने के लिए कर सकते थे।

इसके बाद एक और काग़ज़ लेकर इस वाक्य को पूरा करें : ''मैं अपने लक्ष्य को हासिल करने में इसलिए असफल रहा, क्योंकि मैंने.... नहीं किया।'' हर चीज़ की सूची बनाएँ, जो आप कर सकते थे, लेकिन आपने नहीं की, जिसकी वजह से आप अपनी मंज़िल तक पहुँचने में असफल रहे।

अभ्यासों का यह मिश्रण आपको ज़्यादा स्पष्टता से सोचने के लिए विवश करता है, जितना ज़्यादातर लोग पूरी ज़िंदगी में कभी नहीं करते हैं। इन वाक्यों को दस या बीस जवाबों के साथ पूरा करने पर आप तुरंत देख लेंगे कि आपको अपनी सफलता सुनिश्चित करने के लिए क्या करना चाहिए या क्या नहीं करना चाहिए।

अपने नंबर वन लक्ष्य के लिए एक सकारात्मक दृढ़ कथन लिखें : ''मेरा मुख्य निश्चित उद्देश्य 31 दिसंबर 20.... तक ..... डॉलर कमाना है।'' फिर एक स्पष्ट मानसिक तसवीर बनाएँ कि अपने लक्ष्य को हासिल करने के बाद आपका जीवन किस तरह अलग होगा। आप कल्पना करते हैं कि अपना लक्ष्य हासिल करने के बाद आप कैसा महसूस करेंगे। आप उन सारे कारणों को सोचते हैं कि आप इस लक्ष्य को क्यों हासिल करना चाहते हैं।

अंत में, आप हर दिन बिना भूले कुछ करने का संकल्प लेते हैं, जब तक कि लक्ष्य हासिल न हो जाए। आप चलते रहते हैं और चलते रहते हैं। अपने सबसे महत्त्वपूर्ण लक्ष्य के संदर्भ में ख़ुद को याद दिलाएँ कि असफलता कोई विकल्प नहीं है!

अभ्यास

अपना फ़्लाइट प्लान लिखना

दस लक्ष्यों की सूची बनाएँ, जिन्हें आप अगले वर्ष हासिल करना चाहेंगे :

1. ____________________

2. ____________________

3. ____________________

4. ____________________

5. ____________________

6. ____________________

7. ____________________

8. ____________________

9. ____________________

10. ____________________

इस सूची में वह कौन सा एक लक्ष्य है, जिसे अगर आप चौबीस घंटे के भीतर हासिल कर लेते हैं, तो उसका आपके जीवन पर सबसे ज़्यादा सकारात्मक प्रभाव पड़ेगा?

____

____

____

इस लक्ष्य को हासिल करने के लिए आपकी डेडलाइन क्या है?

____

____

____

तीन समस्याएँ या बाधाओं की सूची बनाएँ, जो इस लक्ष्य को हासिल करने की राह में खड़ी हैं :

1. ______________________________________

   ____

2. ______________________________________

   ____

3. ______________________________________

   ____

तीन अतिरिक्त योग्यताओं या ज्ञान की सूची बनाएँ, जिनकी ज़रूरत आपको इस लक्ष्य को हासिल करने के लिए होगी :

1. ____________________

____

2. ____________________

____

3. ____________________

____

तीन सबसे महत्त्वपूर्ण लोगों, समूहों या संगठनों की सूची बनाएँ, जिनकी सहायता और सहयोग की ज़रूरत आपको इस लक्ष्य को हासिल करने के लिए होगी :

1. ____________________

____

2. ____________________

____

3. ____________________

____

ऊपर के जवाबों के आधार पर उन सात क़दमों की सूची बनाएँ, जिन्हें आप इस लक्ष्य को हासिल करना शुरू करने के लिए तत्काल उठा सकते हैं :

1. ______________________________

2. ______________________________

3. ______________________________

4. ______________________________

5. ______________________________

6. ______________________________

7. ______________________________

अपनी मंज़िल की ओर बढ़ना शुरू करने के लिए वह कौन सा एक काम है, जो आप तुरंत करने जा रहे हैं?

____

____

इस आख़िरी प्रश्न का आपका जो भी जवाब हो, उसे तुरंत शुरू कर दें। इंतज़ार न करें। तेज़ी से आगे बढ़ें। अपनी यात्रा में उड़ान भरें और पीछे पलटकर न देखें।

अध्याय चार

आपनी यात्रा के लिए तैयारी करें

क्या आप गंभीर हैं? इसी मिनट को जकड़ लें! साहस में शक्ति और जादू होता है। सिर्फ़ संलग्न होते ही मस्तिष्क गरम होने लगता है। इसे शुरू कर दें और काम पूरा हो जाएगा।

– योहान वॉल्फ़गांग फान गेटे

तैयारी पेशेवर व्यक्ति का लक्षण है। तैयारी किसी भी क्षेत्र के सफल व्यक्ति की निशानी भी है। जब आप किसी भी क्षेत्र या व्यवसाय में ऊपर उठते हैं, तो आप पाएँगे कि शीर्षस्थ लोग तैयारी में औसत व्यक्ति से कहीं ज़्यादा समय लगाते हैं। किसी भी क्षेत्र में शीर्षस्थ 10 प्रतिशत लोग हर विवरण में हमेशा बाक़ी लोगों से ज़्यादा अच्छी तरह तैयार होते हैं, जो उसी पेशे में आजीविका के लिए संघर्ष करते हैं।

यात्राओं की तैयारी करते समय पेशेवर यात्री कई क़दम बार-बार उठाते हैं, जब तक कि उनकी आदत नहीं पड़ जाती। सबसे पहले तो वे हर चीज़ की सूची बनाते हैं, जिसकी ज़रूरत उन्हें आने वाली यात्रा के लिए होगी। वे याददाश्त पर भरोसा नहीं करते। वे सारी चीज़ें लिख लेते हैं।

दूसरी बात, वे पैकिंग करने से पहले हर चीज़ को सामने रख लेते हैं, जिसे वे अपने साथ ले जाने वाले हैं। तीसरे, वे पूरी तरह पैकिंग कर लेते हैं, ताकि वे निर्धारित समय से काफ़ी पहले हवाई अड्डे के लिए रवाना

हो सकें। पेशेवर यात्री जानते हैं कि अगर आप हड़बड़ी में पैकिंग करते हैं, क्योंकि आपने इसके लिए पर्याप्त समय अलग नहीं रखा है, तो आप कई चीज़ें भूल जाएँगे, जिससे आपको यात्रा में बाद में अनावश्यक असुविधाओं का सामना करना पड़ सकता है।

आप अच्छी तरह यात्रा करने और मंज़िल पर पहुँचने की अपनी संभावना को बढ़ाने के लिए एक तकनीक का इस्तेमाल कर सकते हैं। यह तकनीक है 'सबसे बुरे संभव परिणाम' के बारे में सोचना। इसे करने के लिए ख़ुद से पूछें, वह सबसे बुरी चीज़ क्या है, जो इस यात्रा में हो सकती है?

सबसे बुरे के ख़िलाफ़ तैयारी करें

मैं पेशेवर वक्ता और सेमिनार लीडर हूँ, इसलिए मेरे लिए सबसे बुरी चीज़ यह हो सकती है कि मेरा लगेज खो जाए और मैं कपड़ों तथा सेमिनार की सामग्री के बिना ही पहुँचूँ, जिनके बिना मैं अच्छी तरह व्याख्यान नहीं दे पाऊँगा। इस स्थिति से अपनी रक्षा करने के लिए मैं सारी अनिवार्य चीज़ों को अपने साथ हवाई जहाज़ में लेकर चढ़ता हूँ और अपनी नज़रों से ओझल नहीं होने देता। पहले से योजना बनाने की इस आदत के कारण मुझे बैगेज़ में विलंब या इसके खोने की वजह से कभी बहुत बड़ी समस्या नहीं हुई।

भले ही मैं किसी लंबी यात्रा पर हूँ, जिसमें कई दिन व्याख्यान देना शामिल हो और मुझे ज़्यादा बड़े सूटकेस की ज़रूरत हो, लेकिन मैं हमेशा सारी अनिवार्य चीज़ें हवाई जहाज में एक छोटे सूटकेस में रखता हूँ। ज़्यादा बड़े सूटकेस को लगेज़ में रखा जा सकता है, जो अगर रास्ते में खो जाए, तो यह तबाही नहीं, बल्कि असुविधा मात्र होगी।

आपकी मंज़िल पर पहुँचने की राह में, अपने सबसे बड़े लक्ष्य को हासिल करने की राह में ख़ुद से लगातार पूछें, वे सबसे बुरी संभव चीज़ें कौन सी हैं, जो हो सकती हैं? और फिर उनके ख़िलाफ़ अपनी रक्षा करें।

किसी भी स्थिति के लिए योजना बनाएँ

श्रेष्ठ विचारक की निशानी यह है कि वह यह मानकर चलता है कि सबसे बुरा होगा और वह इससे बचने के इंतज़ाम करता है। नेपोलियन बोनापार्ट से

एक बार पूछा गया कि क्या वे क़िस्मत में विश्वास करते हैं। उनका जवाब था, ''हाँ, मैं करता हूँ। मैं बदक़िस्मती में विश्वास करता हूँ। मैं मानता हूँ कि मैं हमेशा बदक़िस्मत रहूँगा और मैं इसी अनुसार योजना बनाता हूँ।''

मिसाल के तौर पर, यह असामान्य नहीं है कि मौसम या तकनीकी समस्या के कारण फ़्लाइट्स में देर हो जाए या वे रद्द हो जाएँ। यह मेरे साथ बहुत बार हो चुका है। इससे अपनी रक्षा करने के लिए मैं हमेशा ट्रैवल एजेंट से उन फ़्लाइट्स की सूची माँगता हूँ, जो मेरी निर्धारित फ़्लाइट से पहले और बाद में हैं। अगर मेरी फ़्लाइट में कोई समस्या होती है, तो मैं तुरंत ही दूसरी फ़्लाइट में पहुँच जाता हूँ। अप्रत्याशित आपातकालीन स्थिति में मैं तुरंत अपनी ट्रैवल एजेंट को फ़ोन करता हूँ, जो अपने कंप्यूटर पर सारी वैकल्पिक उड़ानें खोज सकती है और मुझे चंद मिनटों में दूसरी फ़्लाइट का टिकट ख़रीदकर उपलब्ध करा सकती है।

ज़रूरत पड़ने पर तेज़ी से क़दम उठाएँ

कुछ समय पहले मैं एक फ़ॉर्चून 500 कंपनी के लिए सेमिनार आयोजित कर रहा था, जिसके लिए मुझे पाँच घंटे की उड़ान भरनी थी। सभी यात्रियों के बैठने के बाद पायलट ने घोषणा की कि एक तकनीकी समस्या आ गई है और विमानकर्मी इसे सुधारने में जुटे हैं। उसने कहा कि वह लगभग आधे घंटे बाद अपडेट देगा और इस दौरान यात्री पढ़ सकते हैं या फ़ोन कर सकते हैं।

अतीत में इस तरह के अनिश्चित विलंब का अनुभव होने के कारण मैंने तुरंत अपनी ट्रैवल एजेंट को फ़ोन किया। उसने खोजा कि उसी टर्मिनल से एक वैकल्पिक फ़्लाइट बीस मिनट बाद जाने वाली है। मैं उठा, विमान से उतरा, दूसरा विमान पकड़ा और अपनी मंज़िल पर मूल निर्धारित समय के आधा घंटे के भीतर पहुँच गया।

बाद में मुझे पता चला कि पहले विमान की तकनीकी समस्याएँ उम्मीद से ज़्यादा गंभीर थीं। यात्रियों को तीन घंटे से ज़्यादा समय तक विमान पर या बोर्डिंग एरिया में रखा गया और इसके बाद उस फ़्लाइट को रद्द कर दिया गया। चूँकि पूर्व दिशा में जाने वाली सारी अन्य उड़ानें जा चुकी थीं, इसलिए यात्रियों के पास घर लौटने और अगले दिन लौटने के

अलावा कोई विकल्प नहीं था, बशर्ते वे अपनी मंज़िल पर पहुँचने के लिए दूसरी फ़्लाइट में सीट खोज पाएँ।

छोटी विपत्तियाँ आपकी योजनाएँ चौपट कर सकती हैं

आपको हवाई अड्डे तक पहुँचने के लिए टैक्सी जैसी किसी चीज़ की ज़रूरत हो सकती है, लेकिन आप टैक्सी ऑर्डर करने में जितनी ज़्यादा देर करते हैं, टैक्सी के देर से आने या न मिलने की उतनी ही ज़्यादा आशंका रहती है। इस पुराने 'सिक्स पी फ़ार्मूले' को हमेशा याद रखें, ''पूर्व योजना ख़राब प्रदर्शन को रोकती है (Proper prior planning prevents poor performance.")।''

दो साल पहले डलास में बर्फ़ के तूफ़ान के दौरान मुझे हवाई अड्डे से 25 मील दूर एक मोटेल में रुकना पड़ा, जिसमें मैं आधी रात के बाद पहुँचा था। मुझे एक फ़्लाइट पकड़ने के लिए हवाई अड्डे पर सुबह 7 बजे तक पहुँचना था, ताकि मैं अपने सेमिनार के लिए समय पर बर्मिंघम पहुँच सकूँ।

मोटेल में नाइट क्लर्क स्पष्ट रूप से थका हुआ था और उसने ज़्यादा रुचि नहीं दिखाई। मैंने उससे ज़ोर देकर कहा कि मुझे हवाई अड्डे जाने के लिए सुबह 5.30 पर टैक्सी की ज़रूरत है। उसने मुझे आश्वस्त किया कि वह टैक्सी को फ़ोन कर देगा और यह अगली सुबह 5.30 पर मेरा इंतज़ार कर रही होगी। लगभग चार घंटे सोने के बाद मैं उठा, कपड़े पहने और हवाई अड्डे तक जाने के लिए अपनी टैक्सी पकड़ने तेज़ी से नीचे पहुँचा,लेकिन टैक्सी वहाँ नहीं थी।

वही डेस्क क्लर्क अब भी ड्यूटी पर था। जब मैंने उससे टैक्सी के बारे में पूछा, तो उसने अनमने ढंग से कंधे उचकाए और मुझे बताया कि वह भूल गया था। मैं फँस चुका था।

सौभाग्य से उसी पल एक एयरलाइन बस सुबह की उड़ान वाले विमानकर्मियों को लेने के लिए आ गई। मैं इस निजी बस में जैसे-तैसे घुसा और मैंने ड्राइवर को रिश्वत देकर उसे टर्मिनल पर छोड़ने को कहा, जिससे मैं बर्मिंघम वाली फ़्लाइट पकड़ने के लिए ठीक समय पर पहुँच गया।

निष्क्रिय बनने से इंकार करें

इस अनुभव ने मुझे दो चीज़ें सिखाईं। पहली, *सबसे बुरे* की तैयारी करें। चाहे आपको कोई भी कुछ भी बोले, इस संभावना के लिए तैयार करें कि वह कहा गया काम नहीं करेगा।

दूसरी बात, निष्क्रिय नहीं, *प्रोएक्टिव* बनें। नाराज़ या निराश होने के बजाय व्यस्त हों और जुट जाएँ। विकल्प खोजें। अगर वर्तमान स्थिति संतोषजनक नहीं है, तो इसे स्वीकार न करें। चीज़ों के घटित होने का इंतज़ार करने के बजाय चीज़ों को घटित कराएँ।

चेकलिस्ट तैयार करें

हर फ़्लाइट से पहले पायलट सावधानी से चेकलिस्ट की समीक्षा करते हैं। भले ही वे हज़ारों घंटे विमान उड़ा चुके हों और बीस साल से ज़्यादा समय से सक्रिय पायलट हों, लेकिन इसके बावजूद वे हर बार चेकलिस्ट का इस्तेमाल करते हैं।

आपको भी चेकलिस्ट तैयार कर लेनी चाहिए। चाहे आपने कितनी ही बार यात्रा कर ली हो, लेकिन आपको एक बार फिर अपनी चेकलिस्ट की समीक्षा करनी चाहिए। कभी याददाश्त पर भरोसा न करें। अगर आप एक महत्त्वपूर्ण विवरण की जाँच नहीं कर पाते हैं, तो हो सकता है कि आप अटक जाएँ और शायद मंज़िल तक न पहुँच पाएँ।

कुछ साल पहले मैंने आईबीएम के लिए कई सेमिनार किए। आईबीएम के भीतर एक उत्कृष्ट मैनेजर और सचमुच अच्छे इंसान मेरे ग्राहक थे और उन्होंने अचानक मेरे फ़ोन का जवाब देना बंद कर दिया। जब मैंने कंपनी के दूसरे लोगों से संपर्क किया, तो मुझे पता चला कि एक कारोबारी यात्रा के दौरान हवाई दुर्घटना में उनकी मृत्यु हो गई थी। यह सचमुच दुखद दुर्घटना थी।

विमान डलास में उतरते समय क्रैश हो गया था और इस दुर्घटना में विमान पर बैठे प्रत्येक व्यक्ति की मृत्यु हो गई थी। बाद में हुई जाँच में दुर्घटना का कारण पता चला। यह दिन की आख़िरी फ़्लाइट थी और विमानकर्मी डलास में शाम बिताने का उत्सुकता से इंतज़ार कर रहे थे। ब्लैक

बॉक्स के अनुसार रनवे के क़रीब पहुँचते समय विमानकर्मी ख़ुशी-ख़ुशी बतिया रहे थे। फ़्लाइट इंजीनियर के पास दो दशकों का अनुभव था, लेकिन वह कॉकपिट में पायलटों के साथ बातचीत करने में इतना तल्लीन हो गया कि उसने अपनी चेकलिस्ट की समीक्षा नहीं की। इसका परिणाम यह हुआ कि विमान के उतरते समय वह फ़्लैप नीचे करना भूल गया। इस एक ग़लती की वजह से विमान क्रैश हो गया। इसके बाद विमान लपटों में घिर गया और उसमें बैठे प्रत्येक व्यक्ति की मृत्यु हो गई।

जब आप अपनी व्यक्तिगत मंज़िलों की ओर बढ़ते हैं और अपने लक्ष्यों की दिशा में संघर्ष करते हैं, तो चेकलिस्ट की समीक्षा न करने के परिणाम इतने गंभीर नहीं होंगे, लेकिन जब कोई किसी महत्त्वपूर्ण विवरण पर ध्यान नहीं देता, तो कंपनी दिवालिया हो सकती है या किसी व्यक्ति का सारा पैसा डूब सकता है।

तैयारी की कुंजियाँ

आपने यह बात सुनी होगी, ''अच्छी तरह शुरू हुआ काम आधा पूरा हो जाता है।'' तैयारी सभी पेशेवरों और हर क्षेत्र के सफल लोगों की निशानी है। प्रभावी ढंग से तैयारी करने का तरीक़ा अपनी व्यक्तिगत चेकलिस्ट का अनुसरण करना है। यहाँ कुछ अनुशंसित क़दम हैं :

1. आप कहाँ जा रहे हैं? अपने लक्ष्यों और सपनों के बारे में पूरी तरह स्पष्ट होने में समय लगाएँ। आप अंत में कहाँ पहुँचना चाहते हैं? अगर हर चीज़ आदर्श हो, तो आपकी स्थिति कैसी दिखेगी? अपने अंतिम परिणाम के संबंध में आप जितने ज़्यादा स्पष्ट होते हैं, बीच के क़दमों की योजना बनाना उतना ही ज़्यादा आसान होगा।
2. हर चीज़ की सूची बनाएँ, जो आप सोच सकते हैं, जिसकी ज़रूरत अपने लक्ष्य को हासिल करने और अपनी मंज़िल तक पहुँचने के लिए आपको पड़ेगी। कोई चीज़ न छोड़ें। सूची में जोड़ते रहें, जब आप नए कामों के बारे में सोचें, जो आप कर सकते हैं।

3. हर संभव चीज़ की कल्पना करें, जो ग़लत हो सकती है। आपके लक्ष्य की राह में कौन सी चीज़ देर करा सकती है या आपको असफल करा सकती है। आगे सोचें और अप्रत्याशित के ख़िलाफ़ इंतज़ाम करें। कभी क़िस्मत या आशा के भरोसे न बैठे रहें कि हर चीज़ सटीकता से वैसी ही होगी, जैसी आपने योजना बनाई थी।
4. दूसरों से बात करें, जिन्होंने वही यात्रा की है। दोबारा नए मार्ग की खोज करने की कोशिश न करें। उन लोगों से विनम्रता से सलाह लें, जिन्होंने पहले ही वहाँ तक पहुँचने की क़ीमत चुकाई है, जहाँ आप जाना चाहते हैं।
5. हर वह चीज़ पढ़ें, जो आप पढ़ सकते हों, जो दूसरों ने आपके मार्ग और आपकी मंज़िल के बारे में लिखी है। कई बार, एक आदमी की एक जानकारी सफलता और असफलता के बीच का फ़र्क़ साबित हो सकती है।

आपका लक्ष्य या मंज़िल आपके, आपके परिवार और आपके भविष्य के लिए जितना ज़्यादा महत्त्वपूर्ण हो, पूरा संकल्प या समर्पण करने से पहले आपको तैयारी में उतना ही ज़्यादा समय लगाना चाहिए। 'जरूरत से ज़्यादा तैयारी' जैसा कुछ नहीं होता।

वैकल्पिक योजना तैयार करें

जब आप अपने लक्ष्य या मंज़िल की ओर बढ़ें, तो संभावित विलंब, व्यवधानों और घुमावदार मार्गों को पहचानने का समय निकालें। हमेशा 'वैकल्पिक योजना' या प्लान बी तैयार रखें, ताकि यह पहली योजना के कारगर न होने पर काम आए। कभी यह मानकर न चलें कि हर चीज़ ठीक वैसी ही होगी, जैसी आप उम्मीद कर रहे हैं।

व्यवसाय में आपको अनिवार्य लोगों, ग्राहकों, वित्त के स्रोतों, मार्केटिंग और बिक्री प्रणालियों तथा अन्य घटकों को पहचानना चाहिए, जो आपके व्यवसाय को सफलतापूर्वक शुरू करने और चलाने के लिए अहम हैं। आपके व्यक्तिगत जीवन में आपको उन सबसे बुरी संभव चीज़ों के बारे

में भी सोचना चाहिए, जो आपकी योजनाओं को कुंठित कर सकती हैं या गड़बड़ा सकती हैं। इसीलिए आपको वैकल्पिक योजना या प्लान बी बनाने की ज़रूरत होती है।

मरफ़ी के नियमों को कभी न भूलें :

1. जो भी चीज़ ग़लत हो सकती है, वह ग़लत हो जाएगी।
2. जो सबसे बुरी चीज़ ग़लत हो सकती है, वह सबसे बुरे संभव समय पर ग़लत हो जाएगी।
3. सबसे बुरी चीज़, जिसमें सबसे ज़्यादा पैसा लगता है, वह सबसे बुरे संभव समय पर ग़लत हो जाएगी।

और फिर कोहेन का नियम है : ''मरफ़ी एक आशावादी थे।''

पहले से योजना बनाएँ और तैयारी करें

आपकी आदर्श मंज़िल या लक्ष्य के बारे में पूरी तरह स्पष्ट होने की आपकी योग्यता और फिर अपनी यात्रा शुरू करने से पहले अच्छी तरह सोचने तथा हर विवरण की योजना बनाने की योग्यता संलग्न अनिश्चितता को बहुत ज़्यादा कम कर सकती है और इस संभावना को बढ़ा सकती है कि आप सटीकता से वही लक्ष्य हासिल करेंगे, जो आपने ख़ुद के लिए तय किया है। ''अच्छी शुरुआत का मतलब आधा काम पूरा होना है'' कहावत को याद रखें।

सफल लोग महत्त्वपूर्ण विवरणों के बारे में जागरूक होते हैं, ख़ासतौर पर किसी नए काम या यात्रा की शुरुआत में। वे कोई चीज़ संयोग के भरोसे नहीं छोड़ते। वे यह मानकर नहीं चलते कि हर चीज़ सही तरीक़े से हो जाएगी या कोई दूसरा उनकी यात्रा के बारे में इतनी ज़्यादा परवाह करता है, जितनी वे ख़ुद करते हैं। फलस्वरूप वे इस बात की संभावना को बहुत ज़्यादा बढ़ा देते हैं कि वे उनके लक्ष्य हासिल कर लेंगे और इसका क़िस्मत से कोई संबंध नहीं है।

अध्याय पाँच

पूरे एक्सीलरेटर पर उड़ान भरें

जहाँ आत्मविश्वास या आश्वासन नहीं है,
वहाँ कभी ज़्यादा साहस नहीं हो सकता।
आधा युद्ध तो इसी विश्वास से जीता जाता है कि हम जो
कर रहे हैं, उसे हम कर सकते हैं।

– ओरिसन स्वेट मार्डन

आपने अपनी मंज़िल तय कर ली है, हवाई अड्डे पर आ गए हैं, विमान में बैठ गए हैं और अपनी सीट पर पहुँच गए हैं। अब आप सबसे महत्त्वपूर्ण क़दम के लिए तैयार हैं : उड़ान भरना, जहाँ आप सफलता की गारंटी के बिना आस्था या विश्वास से क़दम उठाते हैं। यह आपके और हर सफल व्यक्ति के जीवन में निर्णायक मोड़ होता है।

विमान रनवे पर पहुँचता है, टॉवर से उसे उड़ान भरने की अनुमति मिलती है और यह रनवे पर चलने लगता है। यह अत्यंत महत्त्वपूर्ण पल है, वह उड़ान जो आपकी मंज़िल की ओर आपकी यात्रा की सच्ची शुरुआत है।

एक बार जब विमान को अनुमति मिल जाती है, तो पायलट विमान को 100 प्रतिशत एक्सीलरेटर या थ्रॉटल देता है। विमान पहले धीरे-धीरे चलता है और फिर यह गति पकड़ लेता है, रनवे पर ज़्यादा तेज़ होता जाता है, जब तक कि यह हवा में ऊपर नहीं उठ जाता। यह वह पल है, जहाँ पायलट कहते हैं, ''पहिये ऊपर।'' यह उड़ान की आधिकारिक शुरुआत होती है।

यहाँ एक महत्त्वपूर्ण प्रश्न है : अगर पायलट पूरा थ्रॉटल या एक्सीलरेटर दबाने के बजाय सिर्फ़ 80 या 90 प्रतिशत का इस्तेमाल करने का निर्णय ले? कोई भी पायलट आपको इसका जवाब दे देगा। अगर विमान पूरे थ्रॉटल से कम गति से जाएगा, तो यह उड़ान भरने की गति तक कभी नहीं पहुँच पाएगा। विमान चलता रहेगा, रनवे ख़त्म हो जाएगा, लेकिन यह हवा में कभी नहीं उड़ पाएगा।

यह जीवन में सफलता और सामान्यता के बीच का मुख्य फ़र्क़ है। किसी नई मंज़िल की ओर उड़ान भरते वक़्त सफल लोग पूरा एक्सीलेटर दबाते हैं। वे पूरे जोश से काम शुरू करते हैं। वे जो कर रहे हैं, उसमें अपना पूरा दिल झोंक देते हैं, ख़ास तौर पर किसी नए प्रयास की शुरुआत में।

आपकी मनचाही सफलता हासिल करने में इससे ज़्यादा महत्त्वपूर्ण कुछ नहीं है कि आप लंबे समय तक बहुत, बहुत कड़ी मेहनत करने के लिए तैयार रहें, जब तक कि आप लक्ष्य को हासिल न कर लें।

दूसरी ओर, औसत लोग कभी पूरे एक्सीलेटर पर उड़ान नहीं भरते हैं। वे आराम से चलने के तरीक़ों की तलाश करते हैं और कम से कम संभव चीज़ करना चाहते हैं। फलस्वरूप वे कभी हवा में नहीं उड़ पाते। वे हवा में ऊपर नहीं पहुँच पाते। वे किसी चीज़ में कभी सचमुच सफल नहीं हो पाते।

पहला क़दम उठाएँ

जीवन में महानता और सामान्यता के बीच का बुनियादी फ़र्क़ यह है : महान लोग ख़ुद के लिए एक बड़ा, रोमांचक लक्ष्य तय करते हैं, लक्ष्य तक पहुँचने की अपने क़दमों की विस्तृत योजना बनाते हैं और फिर *पहला क़दम उठा* लेते हैं।

औसत लोगों के पास भी वही आशाएँ, सपने, इच्छाएँ और कामनाएँ होती हैं, जो सफल लोगों के पास होती हैं, लेकिन सत्य के पल (निर्णायक समय) के दौरान औसत लोग ख़ुद को रोक लेते हैं। उनके भीतर की कोई चीज़ उन्हें पहला क़दम उठाने से रोक देती है। असफलता और नुक़सान के डर निर्णय के पल के दौरान उन्हें घेर लेते हैं और वे पीछे हट जाते हैं।

कई साल पहले मैंने एक उद्धरण पढ़ा था, ''निराशा के तट पर उन लोगों की सफ़ेद हड्डियाँ पड़ी हैं, जो विजय के पल झिझक गए और

झिझकने की वजह से उन्होंने सब कुछ गँवा दिया।'' मैं यह बात कभी नहीं भूला।

साहस ही कुंजी है

बड़ी सफलता पाने के लिए आपको जिस अति महत्त्वपूर्ण घटक की ज़रूरत है, वह है *साहस।* जैसा विंस्टन चर्चिल ने लिखा था, ''साहस को सभी सद्गुणों में अग्रणी माना जाता है और सही माना जाता है, क्योंकि बाक़ी सब इसी पर निर्भर करते हैं।'' ब्रिटेन की लौह महिला मार्गरेट थैचर ने एक बार कहा था, ''निर्णायक मोड़ पर हर चीज़ साहस पर निर्भर करती है।''

पॉवर किताब के लेखक रॉबर्ट ग्रीन ने कहा था, ''हमेशा साहसी बनें। साहस आपको अक्सर मुश्किल में डालेगा, लेकिन और ज़्यादा साहस आपको इससे बाहर निकाल लेगा।''

उतनी दूर जाएँ, जितनी दूर तक आप देख सकते हों

आपको अपने लक्ष्य के बारे में स्पष्ट होना चाहिए, लेकिन इसे हासिल करने की प्रक्रिया के बारे में *लचीले* रहें। चाहे आप कितनी ही अच्छी योजना बना लें और पहले से व्यवस्थित कर लें, अप्रत्याशित परिस्थितियाँ आपको योजनाएँ बदलने के लिए बार-बार विवश करेंगी, लेकिन आपको पहला क़दम उठाने के लिए तैयार रहना चाहिए।

सौभाग्य से आप हमेशा इतनी दूर तक देख सकते हैं कि पहला क़दम उठा सकें। इस संदर्भ में प्रकृति मज़ाक़ करती है और मार्ग पर एक कंबल ढक देती है। जब आप किसी लक्ष्य या मंज़िल का निर्णय लेते हैं, तो प्रकृति पीछे हटकर आपको पहला क़दम दिखा देगी। यह एक परीक्षा है। प्रकृति पहला क़दम दिखाकर यह तय करती है कि आप सचमुच गंभीर हैं या नहीं।

जब आप विश्वास के साथ पहला क़दम बढ़ाते हैं, हालाँकि आप आगे केवल एक ही क़दम देख सकते हैं, तो प्रकृति इस नतीजे पर पहुँचेगी कि आप गंभीर हैं, फिर वह पीछे हटकर अगला क़दम उजागर कर देगी। और जब आप वह क़दम भी उठा लेते हैं, तो प्रकृति पीछे हटकर आपको

एक और क़दम दिखा देगी। आप हमेशा एक और क़दम देखने में सक्षम होंगे और जब आप उसे उठा लेते हैं, तो आप और आगे जाने के लिए थोड़ी ज़्यादा दूर तक देख सकेंगे।

उत्कृष्टता की खोज

अपने जीवन और कामकाज में पूरे एक्सीलरेटर पर उड़ान भरने का समतुल्य सबसे पहले तो बहुत कठोर श्रम करने का संकल्प लेना है, जब तक कि आप मनचाही सफलता हासिल न कर लें। दूसरे, आप जो भी करते हैं, उसमें उत्कृष्ट बनें। अपनी सच्ची संभावना को पूरा करने के लिए आपको सर्वश्रेष्ठ बनने और अपने क्षेत्र में शीर्षस्थ 10 प्रतिशत लोगों में शामिल होने का संकल्प लेना होगा। सारी ख़ुशी, पुरस्कार, संतुष्टि और मान्यता शिखर के लोगों को मिलती हैं। बाक़ी के लोगों को सिर्फ़ बचे हुए से संतोष करना पड़ता है।

1992 के नोबेल पुरस्कार विजेता अर्थशास्त्री गैरी बेकर ने कुछ समय पहले अमेरिका में 'असमानता की खाई' के बारे में एक लेख लिखा था। उन्होंने प्रदर्शित किया कि "तथाकथित असमानता की खाई दरअसल योग्यताओं की खाई है।" चूँकि हम एक हाई टेक, ज्ञान आधारित समाज में रहते हैं, इसलिए ज़्यादातर पुरस्कार उन लोगों को मिलते हैं, जो लगातार अपने ज्ञान और योग्यताओं को उन्नत करते रहते हैं। सर्वोच्च आमदनी उन्हें होती है, जो ज़्यादा मूल्य जोड़ने के नए तरीक़े लगातार सीखते रहते हैं।

आप जितनी कोशिश करते हैं, आपको उतना ही ज़्यादा मिलता है

इसके अलावा ज़्यादा आमदनी वाले घरों में ज़्यादा रोज़गार प्राप्त लोग होते हैं, जो कम आय वाले घरों से ज़्यादा घंटे काम करते हैं। औसत उद्यमी, बिज़नेस मालिक या ऊपरी आय वाले समूह में आने वाला वरिष्ठ एक्ज़ीक्यूटिव हर सप्ताह 59 घंटे काम करता है। आय के हिसाब से निचले 20 प्रतिशत घरों में नागरिक हर सप्ताह 20 घंटे से कम काम करते हैं। याद रखें, आप जो बोते नहीं हैं, उसे काट नहीं सकते।

द *मिलियनेयर नेक्स्ट डोर* में लेखक स्टैनली और डैंको ने पच्चीस साल के दौरान साक्षात्कारों में पाया कि 85 प्रतिशत स्वनिर्मित मिलियनेयरों ने अपनी सफलता का श्रेय कड़ी मेहनत को दिया। उन्होंने बार-बार इस तरह की बात कही, ''मेरी शिक्षा बेहतरीन नहीं थी। मैं किसी दूसरे से ज़्यादा स्मार्ट या बेहतर नहीं था, लेकिन मैं उनसे ज़्यादा कड़ी मेहनत करने के लिए तैयार था।''

अपने क्षेत्र में शीर्ष 10 प्रतिशत में आने वाले लोग उसी क्षेत्र के निचले 80 प्रतिशत में आने वाले लोगों के औसत से दो, पाँच, दस और बीस गुना ज़्यादा कमाते हैं। यदि आप पहले से शिखर पर नहीं हैं, तो आपको भविष्य में किसी समय शीर्ष 10 प्रतिशत में पहुँचने का लक्ष्य रखना चाहिए।

जब आप काम करें, तो सारे समय काम करें

एक नियम का पालन करने से आपको लक्ष्य हासिल करने और मंज़िल पर पहुँचने की गारंटी मिल जाएगी। वह नियम यह है कि जब आप काम करें, तो सारे समय काम करें। जब आप काम पर जाएँ, *तो काम करें।* इधर-उधर टहलने या सामाजिक मेलजोल में समय बर्बाद न करें। पूरे दिन काम करें। थोड़ी ज़्यादा जल्दी शुरू करने, थोड़ी ज़्यादा मेहनत से काम करने और थोड़ी ज़्यादा देर तक काम करने का संकल्प लें। जब आप काम करें, तो सारे समय काम करें।

समय बर्बाद करने वाले लोगों से दूर रहें। आपके आस-पास के ज़्यादातर लोग आधी गति या इससे भी कम गति से काम कर रहे हैं। वे परिवार, खेलों, राजनीति और दूसरे ग़ैर-व्यावसायिक विषयों पर बात करना चाहते हैं। उनसे दूर हो जाएँ और उनसे दूर ही रहें। आप उनसे कहें कि आप काम के बाद उनसे बात करना पसंद करेंगे, लेकिन फ़िलहाल आपको काम पर लौटना है।

हर दिन के कामों की सूची प्राथमिकता के हिसाब से बना लें। सुबह सबसे पहले अपने सबसे महत्त्वपूर्ण काम पर शुरू हो जाएँ और इस पर तब तक काम करते रहें, जब तक कि यह 100 प्रतिशत पूरा न हो जाए। अपनी

कंपनी में सबसे कड़ी मेहनत करने वाले व्यक्ति की प्रतिष्ठा बनाने का संकल्प लें। जब आप काम करें, *तो सारे समय काम करें।*

सफलता कोई संयोग नहीं है। सफलता की पूरी तरह से भविष्यवाणी की जा सकती है। अगर आप वह करते हैं, जो दूसरे सफल लोग करते हैं और इसे बार-बार करते हैं, तो आपको अंततः वही परिणाम मिलेंगे, जो उन्हें मिलते हैं। आपके सिवाय कोई चीज़ आपको पीछे नहीं रोक सकती।

अध्याय छह

उथल-पुथल से निपटने की योजना बनाएँ

अगर मुझे वह देने को कहा जाए, जिसे मैं सारी मानवता के लिए सबसे उपयोगी सलाह मानता हूँ, तो वह यह होगी : मुश्किल को जीवन का अवश्यंभावी हिस्सा मानें और जब यह आए, तो अपना सिर तानकर इससे निगाह मिलाकर कहें, "मैं तुमसे ज़्यादा बड़ा बनूँगा। तुम मुझे पराजित नहीं कर सकतीं।"

– एन लैंडर्स

किसी उड़ान में जब आपका विमान ऊपर उठता है, तो पायलट सभी यात्रियों से कहता है कि वे अपने सीट बेल्ट बाँधकर अपनी सीट पर बैठे रहें। कई मामलों में पायलट यह भी कहता है, "हम उड़ान के पहले हिस्से में निश्चित मात्रा में उथल-पुथल की उम्मीद कर रहे हैं, इसलिए कृपया सीट बेल्ट बाँधे रहें।"

जब आप कोई नया व्यवसाय या नौकरी शुरू करते हैं, तो आपको भी उथल-पुथल या झटकों का अनुभव होगा। किसी नौकरी, व्यवसाय या नए उपक्रम का पहला चरण आम तौर पर आपको अनपेक्षित समस्याओं और मुश्किलों में डाल देता है, जिनका सामना करने की आपने कभी कल्पना भी नहीं की थी। यह काफ़ी हद तक वैसा ही है, जैसे कोई

विमान नीचे वाले हवा के झोंके से टकरा जाए और नीचे गोता लगाने लगे।

जैसे ही आप किसी नए लक्ष्य का संकल्प लेते हैं और छलाँग लगाते हैं, तो हर चीज़ जो संभवत: ग़लत हो सकती है, ग़लत हो जाएगी। किसी नए उपक्रम को शुरू करने के बाद पहले कुछ दिनों में ही आप उससे कहीं अधिक सबक़ सीख लेंगे, जितने आपने योजना बनाने और व्यवस्थित करने के एक साल में सीखे या सोचे होंगे।

जब आप किसी नए लक्ष्य की ओर शुरुआत करते हैं, तो आप लगातार कई ग़लतियाँ करेंगे, जिन सभी में समय, पैसे और भावना की लागत आएगी। ग़लतियाँ करने और अनुभव से सीखने पर आपको सफलता के लिए आवश्यक ज्ञान, योग्यता और चरित्र के विकास का जो अवसर मिलता है, उसका कोई विकल्प नहीं है।

मंज़िल की ओर यात्रा करते समय आपकी राह में कई समस्याएँ, बाधाएँ और अस्थायी असफलताएँ आएँगी। वे जीवन का अवश्यंभावी हिस्सा हैं, जिनसे बचा नहीं जा सकता। आप जिसे हासिल करने की कोशिश कर रहे हैं, उसके और आपके बीच जो अवश्यंभावी चुनौतियाँ और बाधाएँ आती हैं, उनसे निपटने और उबरने की योग्यता हासिल किए बिना कोई सफलता संभव नहीं है।

अपनी प्रतिक्रियाओं पर नियंत्रण रखें

शक्तिशाली लोग अपने लक्ष्यों और मंज़िलों की ओर अपनी यात्रा में समस्याओं का अनुभव करने की अपेक्षा करते हैं। कमज़ोर लोग हैरान तथा निराश होते हैं, जब चीज़ें उनकी उम्मीद के मुताबिक़ नहीं होतीं। वे नाराज़ हो जाते हैं और दोषारोपण करते हैं। वे अपनी समस्याओं के लिए दूसरों को दोष देते हैं। अक्सर वे निराश या अतार्किक हो जाते हैं।

आप समीकरण के केवल एक हिस्से को प्रभावित कर सकते हैं: आप मुश्किलों के आने पर किस तरह प्रतिक्रिया करते हैं। इसे अक्सर आपकी 'प्रतिक्रिया-योग्यता' कहा जाता है।

जीवन में आपकी सफलता काफ़ी हद तक समस्याओं के आने पर प्रभावी प्रतिक्रिया करने की योग्यता से तय होती है। सौभाग्य से आप

समस्याओं से निपटने के लिए सफल लोगों द्वारा प्रयुक्त कई प्रभावी रणनीतियाँ सीख सकते हैं।

समस्याएँ हमेशा आती हैं

सबसे पहले तो समस्याओं, निराशाओं और अस्थायी असफलताओं के होने की अपेक्षा रखें। उनके सामने आने पर सदमे में न आएँ, हैरान या नाराज़ न हों। इसके बजाय एक गहरी साँस लें और तनावरहित होकर कहें, ''समस्याओं को सुलझाना मेरा काम है; मैं समस्याओं को सुलझाता हूँ।''

हर बार जब आप कोई समस्या सुलझाते हैं, तो आप और ज़्यादा बड़ी समस्याओं को सुलझाने में ज़्यादा सक्षम बन जाएँगे। समस्याओं को सुलझाने का आपको जो बड़ा पुरस्कार मिलता है, वह है और ज़्यादा बड़ी समस्याओं को सुलझाने का अवसर, लेकिन बड़ी समस्याओं के साथ ज़्यादा बड़े पुरस्कार और जिम्मेदारियाँ भी आती हैं।

आप हमेशा अपने कामकाज और व्यक्तिगत जीवन में समस्याओं से निपटने की अपनी योग्यता की ऊँचाई तक ऊपर उठेंगे। बड़े लोग बड़ी समस्याएँ सुलझाते हैं। छोटे लोग छोटी समस्याएँ सुलझाते हैं या कोई समस्या नहीं सुलझाते हैं। हर क्षेत्र में सबसे ज़्यादा सफल और आत्मविश्वासी लोग वे होते हैं, जो प्रभावी ढंग से अपने क्षेत्र में छोटी-बड़ी सबसे ज़्यादा समस्याओं से निपट चुके हैं।

समाधानों के संदर्भ में सोचें

श्रेष्ठ लोग गहन रूप से समाधान केंद्रित होते हैं। वे समाधानों के बारे में सोचते हैं। किसे दोष देना है और समस्याओं पर ध्यान केंद्रित करने के बजाय वे इस बारे में सोचते हैं कि क्या किया जा सकता है। वे भविष्य केंद्रित होते हैं और लगातार उन कामों के बारे में सोचते हैं, जिन्हें वे तुरंत नुक़सान को नियंत्रित करने, समस्या को न्यूनतम करने और आगे बढ़ने के लिए कर सकते हैं।

आप जिन सर्वश्रेष्ठ रणनीतियों का इस्तेमाल कर सकते हैं, उनमें से एक समस्याओं की मानसिक तैयारी का अभ्यास करना है। पहले से संकल्प

लें कि चाहे जो हो जाए, आप शांत और तनावरहित बने रहेंगे। पहले से संकल्प लें कि आप विचलित या नाराज़ नहीं होंगे। शांत और प्रभावी अंदाज़ में समस्याओं से निपटने के लिए अपनी मानसिक प्रोग्रामिंग पहले से कर लें।

जब आप इस तरह से अपनी प्रोग्रामिंग कर लेते हैं और अवश्यंभावी समस्या की स्थिति आती है, तो आप पाएँगे कि आप अपने आप धीमे और ज़्यादा शांत हो रहे हैं। आप ज़्यादा तनावरहित और उद्देश्यपरक हो जाएँगे। आप स्थिति का नियंत्रण अपने हाथ में ले लेंगे।

प्रश्न पूछें

जब आप अपने व्यवसाय या व्यक्तिगत जीवन में अप्रत्याशित उथल-पुथल का सामना करें, तो प्रतिक्रिया या अति प्रतिक्रिया करने के बजाय प्रश्न पूछकर ख़ुद को शांत, स्पष्ट और केंद्रित रख सकते हैं।

सबसे पहले, तथ्यों का पता लगाएँ। सटीकता से समस्या क्या है? यह कैसे हुई? समस्या की सटीक लागतें या आयाम क्या हैं? अपने तथ्यों की दोबारा जाँच करना सुनिश्चित करें। अक्सर, जो समस्या नज़र आती है, वह या तो अतिशयोक्तिपूर्ण निकलेगी या ग़लत जानकारी के आधार पर होगी।

कई बार, समस्या का समाधान समस्या में ही छिपा होता है। जब कोई समस्या आती है, तो हो सकता है कि यह समस्या ही न हो। अक्सर यह छिपा हुआ वरदान होती है। प्रश्न पूछने के काम से ही आप शांत और नियंत्रण में रहते हैं। *समाधान* पर ध्यान केंद्रित करें। पूछें, मैं या हम इस समस्या से निपटने के लिए कौन से काम तुरंत कर सकते हैं?

जब किसी तरह की समस्या से सामना होता है, तो ज़्यादातर लोगों में 'विनाशीकरण' की प्रवृत्ति होती है। जो भी सबसे बुरी संभव चीज़ हो सकती है, वे उसके बारे में सोचने लगते हैं या फिर वे घटना के लिए किसी दूसरे को दोष देने लगते हैं। आपको इन दोनों प्रवृत्तियों का प्रतिरोध करना चाहिए और अपने आस-पास के लोगों को भी यही करने के लिए प्रोत्साहित करना चाहिए।

जिम्मेदारी स्वीकार करें और प्रभार लें

एक बार जब आप समस्या को स्पष्टता से परिभाषित कर लें (और यह पुष्टि कर लें कि यह सचमुच समस्या है) और आप उन विभिन्न कार्यों के बारे में सोच लें, जो आप इसे सुलझाने या न्यूनतम बनाने के लिए कर सकते हैं, तो अगला क़दम कर्म की जिम्मेदारी स्वीकार करना है या किसी दूसरे को काम करने की विशिष्ट जिम्मेदारी सौंपना है।

हमेशा उन कामों के संदर्भ में सोचें, जो आप कर सकते हैं। जिस तरह अनपेक्षित उथल-पुथल का सामना करने वाला पायलट अपने दोनों हाथ व्हील पर और अपनी निगाह यंत्रों पर रखता है, उसी तरह जब आप समस्याओं का अनुभव करते हैं, तो आपको अपनी स्थिति का नियंत्रण लेना चाहिए और यह सुनिश्चित करना चाहिए कि आप सही दिशा में उड़ रहे हैं।

जीवन में हर मुश्किल एक तरह की परीक्षा है। इकलौता प्रश्न यह है कि आप इस परीक्षा में पास होते हैं या फ़ेल। जब भी आप किसी समस्या या मुश्किल पर प्रभावी ढंग से प्रतिक्रिया करते हैं, तो आप ज़्यादा बड़ी बुद्धिमत्ता, ज्ञान और व्यक्तिगत शक्ति विकसित करते हैं। आप ज़्यादा स्मार्ट, ज़्यादा सक्षम और ज़्यादा बड़ी समस्याओं को सुलझाने में ज़्यादा सक्षम बनते हैं।

अपनी भाषा बदलें

उड़ान भरने में 'एटीट्यूड' का अर्थ उड़ान के कोण या क्षितिज के संदर्भ में आपकी स्थिति होती है। जिस तरह आप किसी समस्या के बारे में सोचते हैं, वह भी आपके नज़रिये या स्थिति को तय करता है।

आप अपने नज़रिये को बदलने और अपने सामने की मुश्किल के प्रति अपनी नीति को बदलने के लिए तीन शब्दों का इस्तेमाल कर सकते हैं। सबसे पहले, तो आप 'समस्या' की जगह पर 'स्थिति' शब्द रखते हैं।'समस्या' नकारात्मक शब्द है, जो डर और तनाव की भावनाओं को प्रेरित करता है। 'स्थिति' तटस्थ शब्द है। ''हमारे सामने एक समस्या है,'' यह कहने के बजाय आप कह सकते हैं, ''हमारे सामने एक स्थिति है।''

मैं व्यक्तिगत तौर पर 'समस्या' शब्द को 'चुनौती' शब्द में बदलना पसंद करता हूँ। जब कोई चीज़ ग़लत हो जाती है, तो तुरंत कहें, ''हमारे सामने आज एक रोचक चुनौती है।''

'चुनौती' सकारात्मक शब्द है। जब आप किसी चुनौती के बारे में सोचते हैं, तो आप किसी ऐसी चीज़ के बारे में सोचते हैं, जिस तक आप ऊपर उठ सकते हैं, कोई ऐसी चीज़ जो आपमें और दूसरों में सर्वश्रेष्ठ को बाहर निकालती हो। चुनौतियाँ ही जीवन को रोचक और जीने लायक़ बनाती हैं। रोज़मर्रा के जीवन की चुनौतियों के प्रति ऊपर उठकर आप अपनी ज़्यादा से ज़्यादा संभावना को पूरा करेंगे।

शायद सबसे अच्छा शब्द है 'अवसर'। ''हमारे सामने एक समस्या है,'' यह कहने के बजाय आप यह कह सकते हैं, ''हमारे सामने एक अप्रत्याशित अवसर है।''

नेपोलियन हिल की कही एक बात बहुत मशहूर है, ''आप जिस भी समस्या या मुश्किल का सामना करते हैं, प्रत्येक में समान या ज़्यादा बड़े लाभ के बीज होते हैं।'' आपका काम उस लाभ का पता लगाना है और किसी समस्या के प्रति यह नीति अपनाना आपके नज़रिये से तय होता है।

हर स्थिति में अच्छाई की तलाश करने का नज़रिया रखें। किसी समस्या या मुश्किल में लाभ की तलाश करने का नज़रिया रखें। यही वह तरीक़ा है, जिससे सबसे सफल लोग ज़्यादातर समय सोचते हैं।

अपनी मानसिक शक्तियों का ताला खोलें

आपका मस्तिष्क एक उल्लेखनीय अंग है। जब आप शांत और तनावरहित होते हैं, तो आपका *नियोकॉर्टेक्स* यानी आपका सोचने वाला मस्तिष्क पूरी तरह सक्रिय होता है और आपके लिए उपलब्ध होता है, लेकिन जब आप तनावपूर्ण या नाराज़ होते हैं, तो आपका नियोकॉर्टेक्स उसी तरह बंद हो जाता है, जिस तरह किसी इमारत की सारी बत्तियाँ बंद हो जाती हैं। जब आप किसी समस्या के बारे में भावुक बन जाते हैं, आप अपने *पेलियोकॉर्टेक्स* से सोचने लगते हैं, जो आपका लिम्बिक या भावनात्मक मस्तिष्क है।

आपके भावनात्मक मस्तिष्क की दो अवस्थाएँ होती हैं : लड़ो या भागो। जब आप किसी समस्या के बारे में इनमें से किसी अवस्था में डरे हुए या तनावपूर्ण होते हैं, तो आप आसानी से नकारने, क्रोधित होने या दोष देने की अवस्था में फिसल सकते हैं। आप भड़ास निकालने और हमला करने जैसा महसूस कर सकते हैं या हो सकता है कि आप समस्या को नज़रअंदाज़ करके यह आशा करना चाहें कि यह अपने आप चली जाएगी, लेकिन इनमें से किसी प्रतिक्रिया से मदद नहीं मिलती।

श्रेष्ठ लोग, सभी क्षेत्रों में लीडर, अपनी मंज़िल की राह में रोज़मर्रा के जीवन के अवश्यंभावी उतार-चढ़ावों का सामना अपनी सोच और अपनी भावनाओं का पूर्ण नियंत्रण लेकर करते हैं। वे स्थिति का वर्णन करने वाले शब्दों का चयन करके ऐसा करते हैं। वे अपनी आवाज़ के लहज़े और समस्याओं से निपटने के अपने व्यवहार से ऐसा करते हैं।

हवा के ख़िलाफ़ उड़ना

जब आप किसी नई मंज़िल या लक्ष्य की ओर बढ़ते हैं, जैसे विमान में उड़ान भरना, तो आपके मन में अपने जाने और पहुँचने दोनों के समय का विचार होता है। आप अपने लिए एक शेड्यूल तय करेंगे और काफ़ी हद तक समय पर पहुँचने की अपेक्षा करेंगे, लेकिन जैसे ही आप उड़ान भरते हैं, आप उसका अनुभव करेंगे, जिसे पायलट 'अप्रत्याशित विरोधी हवा' कहते हैं।

इतने बरसों में मैं करोड़ों मील यात्रा कर चुका हूँ। मुझे दुर्घटना के सिवाय लगभग हर तरह का अनुभव है। यह असामान्य नहीं है, ख़ासतौर पर वसंत या शिशिर ऋतु में, जब विमान को देश के दूसरे छोर की यात्रा में विरोधी हवा का सामना करना पड़े। कई बार ये विरोधी हवाएँ 150 से 200 मील प्रति घंटे की रफ़्तार से चलती हैं और ये किसी उड़ान में दो घंटे की देरी करा सकती हैं। एक बार जब मैं न्यू यॉर्क से डलास की उड़ान में था, तो विरोधी हवाएँ इतनी शक्तिशाली थीं और इतनी लंबी चलीं कि पायलट को विमान में दोबारा ईंधन भरने के लिए सेंट लुइस में उतरना पड़ा।

आपके जीवन में भी ऐसा ही होता है। जैसे ही आप कोई नई यात्रा शुरू करते हैं, आप भी विरोधी हवा का सामना करेंगे : हर चीज़ में आपकी

उम्मीद से दोगुनी लागत और तीन गुना ज़्यादा समय लगेगा। नए उपक्रम में आपको सर्वश्रेष्ठ वित्तीय प्रोजेक्शन्स करना चाहिए और फिर यथार्थवादी संख्या तक पहुँचने के लिए उसे दोगुना कर देना चाहिए। आपको यह अनुमान लगाना चाहिए कि आपको निश्चित मील के पत्थरों तक पहुँचने में कितना समय लगेगा और फिर आवश्यक असली समयावधि का पता लगाने के लिए उस समय को तीन गुना कर देना चाहिए।

विरोधी हवाओं के प्रकार

आपके व्यवसाय और व्यक्तिगत जीवन में विरोधी हवाएँ कई स्रोतों से आ सकती हैं। विरोधी हवाओं का आपका बुनियादी स्रोत *दूसरे लोग* होंगे। वे आपको निराश करेंगे, धोखा देंगे, गद्दारी करेंगे, आपकी अपेक्षाओं के अनुरूप काम नहीं करेंगे और अक्षम या उदासीन निकलेंगे। अगर आप अपेक्षा करते हैं कि सामने वाला हर व्यक्ति बुद्धिमान, सक्षम और ईमानदार होगा, तो आपको बुद्धिमत्ता और अनुभव की राह पर काफ़ी चुनौतियों का सामना करना पड़ेगा।

आपके ग्राहक विरोधी हवा का एक मुख्य स्रोत होंगे। जब आप कोई नया उपक्रम शुरू करते हैं, तो आप इस बात पर हैरान होंगे कि ग्राहकों से पहली बार अपना प्रॉडक्ट या सेवा ख़रीदवाना कितना मुश्किल होता है। आप हैरान होंगे कि यह कितना मुश्किल है कि ग्राहक उनके वर्तमान सप्लायर को छोड़कर आपसे ख़रीदें। ज़्यादातर ग्राहक अपने ख़ुद के आरामदेह दायरे में रहते हैं। निष्क्रियता के नियम के कारण वे वर्तमान सप्लायर से ही ख़रीदते रहेंगे, भले ही आपका प्रॉडक्ट या सेवा श्रेष्ठ हो, क्योंकि वे उसके साथ आरामदेह हैं, जो उन्होंने अतीत में किया है।

आपके ग्राहक आपको निराश करेंगे, क्योंकि वे आपकी उम्मीद से कम ख़रीदेंगे, ख़रीदने में आपकी अपेक्षा से ज़्यादा समय लगाएँगे, आपकी उम्मीद से धीमी गति से भुगतान करेंगे और आपकी उम्मीद से ज़्यादा शिकायतें करेंगे। आप अक्सर पाएँगे कि आप अपने ग्राहकों को जो प्रॉडक्ट या सेवा दे रहे हैं, उनके जीवन में मूल्य जोड़ने के लिए उसका भाव ज़्यादा है, वह दूसरों के मुक़ाबले प्रतिस्पर्धी नहीं है और उन परिणामों या लाभों को देने में दोषपूर्ण है, जिनका आपने वादा किया था। ये मुश्किलें और चुनौतियाँ

सामान्य और स्वाभाविक हैं। आपका काम उनसे वास्तविकताओं की तरह निपटना है और उन्हें सुलझाने का कोई तरीक़ा खोजना है।

याद रखें कि ग्राहक हमेशा सही होता है। आप क्या उत्पादन करते हैं, वह महत्त्वपूर्ण नहीं होता। महत्त्वपूर्ण तो यह होता है कि लोग क्या ख़रीदते हैं। यह महत्त्वपूर्ण नहीं है कि आप क्या पेशकश देना चाहते हैं। आपका भविष्य तो यह तय करता है कि लोग किस चीज़ का आनंद लेना चाहते हैं। जीवन में हम किसी न किसी तरह दूसरों की सेवा करके अपनी आजीविका कमाते हैं। और ये दूसरे लोग ही हमेशा यह तय करते हैं कि सफल होने के लिए हमें क्या करने की ज़रूरत है। तथ्यों का सामना करें, वास्तविकता से निपटें और अपने प्रॉडक्ट या सेवा को इस तरह संशोधित करें, ताकि ग्राहक इसे ख़रीदें, बार-बार ख़रीदें और उनके मित्रों को बताएँ।

विरोधी वित्तीय हवाएँ

आप एक और प्रकार की विरोधी हवाओं का सामना करेंगे, जिनका संबंध *पैसों* से होगा। कुछ लोग आपसे कहेंगे कि सकारात्मक तरीक़े से ख़ुद से बात करके और दौलतमंद के रूप में अपना मानसिक चित्रण करके ही आप आसानी से सारा मनचाहा पैसा बना सकते हैं। हर व्यक्ति इस बात पर विश्वास करना चाहता है और कई लोग प्रयासरहित दौलत के विचार का पूरे दिल से स्वागत करते हैं।

लेकिन इसमें वे लोग शामिल नहीं हैं, जिन्होंने सचमुच वित्तीय सफलता हासिल की है। जिन लोगों ने बहुत सा पैसा बनाया है, उन्होंने कटु अनुभव से सीखा है कि पैसे के बारे में इकलौती आसान चीज़ इसे गँवाना है। जैसा जापानी सूक्ति कहती है, "पैसे बनाना किसी पिन से खुदाई करने जैसा है; पैसा गँवाना रेत पर पानी डालने जैसा है।"

पैसा बहुत भावनात्मक मुद्दा है। लोग किसी भी कारण पैसे को अपने से दूर करने के बारे में बहुत अनिच्छुक होते हैं। जब आप मित्रों, बैंकों, क़र्ज़ देने वालों या सप्लायरों से लोन या लाइन ऑफ़ क्रेडिट के लिए जाते हैं, तो आप पाएँगे कि वे शंकालु होते हैं, धीमे काम करते हैं और अपने पैसे के बारे में बहुत सावधान रहते हैं। चूँकि पैसे वाले लोगों को हर तरह का अनुभव होता है, जिनमें अतीत में कई बार झूठ व धोखे का अनुभव

शामिल होता है, इसलिए वे आपको या किसी को भी किसी कारण पैसा देने के बारे में बहुत ज़्यादा झिझकते हैं और सावधान रहते हैं।

विरोधी व्यक्तिगत हवाएँ

आप *व्यक्तिगत* रूप से भी विरोधी हवाओं का अनुभव करेंगे, क्योंकि आपको यह पाकर हैरानी होगी कि आपमें सफलता के लिए आवश्यक विशिष्ट गुण, योग्यताओं और ज्ञान का अभाव है। आप पा सकते हैं कि आप ख़राब टाइम मैनेजर हैं या आपमें आत्म-अनुशासन का अभाव है। आपमें एकाग्रता और अपने सबसे महत्त्वपूर्ण कामों को एकाग्र मस्तिष्क से करने का अभाव है। आप समय बर्बाद करते हैं और इस बात से चकरा जाते हैं कि आपके पास करने को बहुत सारा काम है और उसे करने के लिए समय बहुत कम है।

आपमें वित्तीय, विश्लेषणात्मक, मार्केटिंग या बेचने की योग्यताओं का भी अभाव हो सकता हैं। हो सकता है आप यह न जानते हों कि योजना कैसे बनाना है तथा अपने व्यवसाय को कैसे व्यवस्थित करना है, प्रभावी ढंग से विज्ञापन कैसे देना है और ग्राहकों को कैसे आकर्षित करना है या अपने प्रॉस्पेक्ट्स को अपने से ख़रीदने के लिए राज़ी कैसे करना है। हो सकता है आपको यह न पता हो कि अच्छे लोगों को कैसे आकर्षित करना और रखना है या अच्छे व्यावसायिक निर्णय कैसे लेना है।

अगर आप कोई व्यवसाय शुरू कर रहे हैं और बना रहे हैं, तो आपमें अपने व्यवसाय में सही पदों के लिए सही लोग चुनने की योग्यता का अभाव हो सकता है। आपके पास अपने स्टाफ़ को कार्य सौंपने और उनकी देखरेख करने की क्षमता की कमी हो सकती है, ताकि यह सुनिश्चित हो सके कि वे अपना काम समय पर, बजट के भीतर और प्रदर्शन के विशिष्ट मानकों के अनुसार पूरा करें।

सौभाग्य से ये सारी *योग्यताएँ सीखी* जा सकती हैं, लेकिन इन अनिवार्य योग्यताओं में माहिर बनने का शुरुआती बिंदु यह है कि आप यह स्वीकार करें कि आपको उनकी ज़रूरत है और आप कुछ क्षेत्रों में ख़ासतौर पर अच्छे नहीं हैं। उसके बाद आपकी शिक्षा शुरू हो सकती है।

आपके अविश्वसनीय मस्तिष्क के कारण आप कोई भी योग्यता सीख सकते हैं, जिसकी ज़रूरत आपको अपने लक्ष्य को हासिल करने के लिए होगी। आपको कभी सिर्फ़ इसलिए पीछे रहने की ज़रूरत नहीं है, क्योंकि आपमें किसी ख़ास योग्यता का अभाव है। इसके बजाय आपको उस योग्यता के विकास को लक्ष्य बनाना चाहिए, इसे हासिल करने की योजना बनाना चाहिए और फिर इस पर हर दिन काम करना चाहिए, जब तक कि आप उस योग्यता में माहिर न हो जाएँ।

हैरान न हों

समस्याओं और मुश्किलों को जीवन का सामान्य, स्वाभाविक और अवश्यंभावी हिस्सा मानें। इसकी अपेक्षा करना परिपक्वता की निशानी है। यह सफलता, ख़ुशी और जीवन में संतुलन तक पहुँचाने वाली राह पर विकसित होने के लिए एक अति महत्त्वपूर्ण गुण है। श्रेष्ठ व्यक्ति बनने के लिए यह स्वीकार करना आवश्यक है कि जब आप किसी बड़े, रोमांचक लक्ष्य या मंज़िल की तरफ़ चलते हैं, तो आप अप्रत्याशित उथल-पुथल और विरोधी हवाओं का लगातार सामना करेंगे। आपका काम शांति, स्पष्टता और पूरे आत्मविश्वास से इन मुश्किलों से निपटना सीखना है।

आप किसी प्रकार की विपत्ति में शांत रहकर शांत, प्रभावी विचारक बनते हैं। आवश्यकतानुसार धैर्य का अभ्यास करके आप धैर्यवान बनते हैं। आपके कामकाज और व्यक्तिगत जीवन में जो अवश्यंभावी तूफ़ान आते हैं, उनसे प्रभावी ढंग से निपटकर आप अपनी तक़दीर के बेहतरीन पायलट बनते हैं।

अध्याय सात

दिशा में लगातार सुधार करते रहें

देर–सबेर हमारी परिस्थितियों में एक संकट आता है और हम इसका सामना कैसे करते हैं, उसी से हमारी भावी ख़ुशी और सफलता तय होती है। समय की शुरुआत से ही हर प्रकार के जीवन को ऐसे संकट का सामना करना पड़ा है।

– रॉबर्ट कॉलियर

समस्याएँ, मुश्किलें और संकट जीवन तथा व्यवसाय का एक सामान्य, स्वाभाविक और अवश्यंभावी हिस्सा है, जिससे बचा नहीं जा सकता। जब आप कोई नया लक्ष्य तय करते हैं या किसी नई मंज़िल की ओर बढ़ते हैं, तो आप ऐसी चुनौतियों या मुश्किलों का अनुभव करेंगे, जिनकी आपको कभी उम्मीद नहीं थी, लेकिन अवश्यंभावी *संकट* चरित्र का सच्चा इम्तिहान होता है, जिससे बचा नहीं जा सकता। समस्याओं को सुलझाने की आपकी योग्यता महत्त्वपूर्ण होती है, लेकिन संकटों के साथ निपटने की आपकी योग्यता काफ़ी हद तक जीवन में आपकी सफलता या असफलता को तय करती है।

अनुमान है कि आज औसत आदमी हर दो–तीन महीने में किसी संकट का सामना करता है। यह व्यावसायिक संकट, वित्तीय संकट, पारिवारिक संकट, शारीरिक संकट या किसी तरह का व्यक्तिगत संकट हो सकता है। इसका मतलब है कि हर व्यक्ति जिसे आप जानते हैं, जिसमें आप भी

शामिल हैं, या तो आज संकट में है, या अभी-अभी किसी संकट से बाहर आया है या आप पर कोई संकट आने वाला है।

संकट की परिभाषा के अनुसार वे बिन बुलाए आते हैं। वे पूरी तरह अप्रत्याशित होते हैं। चूँकि आप किसी संकट की भविष्यवाणी या अपेक्षा नहीं कर सकते, इसलिए इसके आने पर आप जो एकमात्र चीज़ कर सकते हैं, वह है इस पर प्रभावी प्रतिक्रिया करना।

नेतृत्व की योग्यताएँ

स्टैनफ़र्ड यूनिवर्सिटी में आयोजित बहुवर्षीय अध्ययन में शोधकर्ताओं ने फ़ॉर्चून 1000 कंपनियों के सैकड़ों सीईओ तथा प्रेसिडेंट्स के वार्षिक प्रदर्शन मूल्यांकनों की जाँच की, जिनमें से कुछ हर व्यवसाय या उद्योग में सबसे सफल एक्ज़ीक्यूटिव थे। विशेषज्ञों ने देखा कि जब इन एक्ज़ीक्यूटिवों ने काम शुरू किया था, तब से उनके बारे में क्या लिखा गया था, ताकि वे शीर्षस्थ लोगों की आम विशेषताओं का पता लगा सकें।

इस अध्ययन में यह उजागर हुआ कि शीर्ष एक्ज़ीक्यूटिवों में दो प्रमुख गुण समान थे। पहला था टीम के सदस्य के रूप में अच्छी तरह काम करने की योग्यता। काम शुरू करते समय वे अच्छे टीम खिलाड़ी थे और अपनी टीम में मूल्यवान योगदान दे रहे थे। जब उन्हें ज़्यादा वरिष्ठ पदों पर प्रमोशन मिला, तो उन्होंने गुणी लोगों की विजेता टीम बनाने की योग्यता प्रदर्शित की और उन्हें अपनी कंपनियों के लिए महत्त्वपूर्ण लक्ष्यों और परिणामों को हासिल करने की दिशा में व्यवस्थित किया।

नेतृत्व का सबसे महत्त्वपूर्ण गुण

शीर्ष लीडर्स में आम दूसरा और सबसे महत्त्वपूर्ण गुण संकट में अच्छी तरह काम करने की योग्यता था। हर क्षेत्र में शीर्षस्थ लोगों ने अपने पूरे करियर में दर्शाया था कि जब संकट आता था, तो उनमें अवश्यंभावी संकट से प्रभावी ढंग से निपटने की योग्यता थी।

शोधकर्ताओं को एक और चीज़ पता चली : टीमवर्क सेमिनारों तथा वर्कशॉप्स में सिखाया जा सकता है, लेकिन संकट में अच्छी तरह काम

करने की योग्यता नहीं सिखाई जा सकती। संकट से निपटना लीडर किसी वर्कशॉप या सेमिनार में नहीं सीखता। वह किसी काल्पनिक समस्या की स्थिति में दूसरे लोगों के साथ रोलप्ले करके यह नहीं सीख सकता।

संकट से निपटने की योग्यता केवल सच्चे संकट, अप्रत्याशित असफलता या विपत्ति में ही सीखी और प्रदर्शित की जा सकती है, जिसमें किसी तरह का भारी नुक़सान करने की आशंका होती है। ऐसे संकट के दौरान सच्चा लीडर स्थिति को बचाने और समस्या को सुलझाने के लिए प्रकट हो जाएगा।

जीवन परीक्षाओं की श्रृंखला है

जीवन में समस्याएँ वे परीक्षाएँ हैं, जिनमें आगे तथा ऊपर बढ़ने के लिए आपको उत्तीर्ण होना होगा। आप अपने रोज़मर्रा के जीवन में जिन अवश्यंभावी संकटों का अनुभव करते हैं, वे आपकी सक्षमता तथा परिपक्वता के सच्चे इम्तिहान हैं। वे आपके चरित्र का पैमाना हैं। वे साहस, बुद्धि, लगन और दूरदर्शिता के स्तरों के सर्वश्रेष्ठ सूचक हैं, जिन्हें आपने इस पल तक विकसित किया है।

जैसा एपिक्टेटस ने कहा था, ''परिस्थितियाँ इंसान को नहीं बनाती हैं; वे तो सिर्फ़ उसे ख़ुद के सामने उजागर करती हैं।'' और दूसरों के सामने भी।

जब आप लीडर होते हैं और आपके सामने एक संकट होता है, तो हर व्यक्ति देखता है कि आप कैसे प्रतिक्रिया करते हैं। हर व्यक्ति तौलता है और मूल्यांकन करता है। लोग अपनी राय में आपको ऊपर उठाते या नीचे गिराते हैं। संकट जीवन का महान 'निर्णायक समय' होता है।

लीडर्स संकट में कैसा प्रदर्शन करते हैं

इतने बरसों में मैंने कई बड़ी कंपनियों के प्रेसिडेंट्स तथा सीईओ के साथ काम किया है। मैंने करोड़पतियों और अरबपतियों को कोचिंग व परामर्श दिया है। मैंने उन्हें 'क़रीब और व्यक्तिगत रूप से' देखा है।

उन सभी में मुझे यह एक गुण नज़र आया कि उनमें किसी बड़ी असफलता या विपत्ति का सामना करते समय शांत और ठंडा बने रहने की

योग्यता थी। जब उनका सामना किसी समस्या या संकट से होता था, तो ऐसा लगता था, जैसे वे अपने मस्तिष्क में एक स्विच चालू कर लेते थे, जो उन्हें शांत और पूरी तरह नियंत्रण में रखता था। वे तुरंत अपनी भावनाओं तथा स्थिति का नियंत्रण अपने हाथ में ले लेते थे।

मेरी पहचान के शीर्षस्थ लोग कभी नाराज़ या विचलित नहीं हुए। वे रोमांचित नहीं हुए, न ही चिढ़े। दरअसल, वे इसके विपरीत रहे। वे धीमे, ज़्यादा विनम्र और शिष्ट हो गए। उन्होंने 'प्लीज़' और 'धन्यवाद' कहा। उन्होंने प्रतिक्रिया करने से पहले प्रश्न पूछे और जानकारी एकत्रित की।

तथ्य हासिल करें

150 कंपनियों की कंगलोमेरट आईटीएंडटी के पूर्व प्रेसिडेंट हैरॉल्ड जेनीन ने एक बार कहा था कि किसी भी व्यावसायिक समस्या से निपटने में सबसे महत्त्वपूर्ण क़दम तथ्य इकट्ठे करना होता है। उन्होंने कहा था, "असली तथ्य इकट्ठे करें। अनुमानित नहीं, दिखने वाले नहीं, स्पष्ट नहीं, न ही वे तथ्य, जिनकी उम्मीद की जाती है। खुदाई करते रहें, जब तक कि आपको असली तथ्य नहीं मिल जाते। तथ्य झूठ नहीं बोलते।"

जब भी जनरल इलेक्ट्रिक के पूर्व सीईओ जैक वेल्च के सामने कोई समस्या आती थी, तो वे पूछते थे, "वास्तविकता क्या है?" वे स्थिति के बारे में सच्चाई जानने पर ज़ोर देते थे, चाहे यह जो भी हो।

इन एक्ज़ीक्यूटिवों ने पाया कि वे किसी समस्या या संकट के बारे में जितनी ज़्यादा जानकारी (तथ्यों की ज़्यादा संख्या) इकट्ठी करते थे, सही समाधान या कार्यदिशा उतनी ही ज़्यादा स्पष्ट होती थी। समस्या में ज़्यादा गहराई तक उतरने के फलस्वरूप समाधान प्रकट हो जाता था।

सबसे महत्त्वपूर्ण काम

आप सबसे महत्त्वपूर्ण काम कौन सा करते हैं? जवाब है, "सोचना।" स्पष्टता से सोचने और अच्छे निर्णय लेने की आपकी योग्यता काफ़ी हद तक आपके जीवन की दिशा और गुणवत्ता तय करती है। जो लोग बेहतर सोचते हैं, वे बेहतर निष्कर्षों पर पहुँचते हैं। वे बेहतर काम करते हैं और उन्हें

बेहतर परिणाम मिलते हैं। जो लोग स्थितियों के बारे में ठीक से सोचने का समय नहीं निकालते, वे ग़लत निष्कर्षों पर पहुँचते हैं, ग़लत निर्णय लेते हैं और ग़लत काम करते हैं, जो उन्हें बार-बार कम उपलब्धि और असफलता की ओर ले जाता है।

आप अपने जीवन और अपने काम में जो सबसे मूल्यवान योग्यता लाते हैं, वह है शांति व स्पष्टता से सोचने की आपकी योग्यता। इसके लिए यह आवश्यक है कि किसी अप्रत्याशित समस्या से निपटते समय आप अनासक्ति का जान-बूझकर अभ्यास करें। आप निरपेक्ष बने रहें। आप कल्पना करें कि आप एक परामर्शदाता हैं, जिसे बाहर से इस समस्या का विश्लेषण करने या संकट दूर करने वाली अनुशंसाएँ देने के लिए बुलाया गया है। स्थिति की जाँच करते समय आप इससे एक हाथ दूर रहें। सूचना एकत्रित करते समय आप भावरहित बने रहें। जब आप महसूस करें कि आपने वह हर चीज़ जान ली है, जो आप समस्या के बारे में जान सकते हैं, तभी आप अनुशंसाओं और निर्णय पर पहुँचें।

आगे सोचें

आप सोचने की एक बहुत महत्त्वपूर्ण योग्यता विकसित कर सकते हैं। यह संकट को भाँपने की योग्यता है। इस योग्यता का अभ्यास करने के लिए जीवन की राह पर भविष्य में नियमित रूप से आगे देखें और ख़ुद से पूछें, वे सबसे बुरी संभव चीज़ें कौन सी हैं, जो ग़लत हो सकती हैं? मेरी योजनाओं को पटरी से कौन उतार सकता है या मेरे लक्ष्यों को हासिल करने की योग्यता में कौन सी चीज़ बाधा डाल सकती है?

हर संभावित समस्या या संकट की सूची बनाएँ। 3 प्रतिशत के नियम का इस्तेमाल करें : भले ही किसी गंभीर समस्या के होने की सिर्फ़ 3 प्रतिशत संभावना हो, फिर भी आप इसे सूची में लिख लें। इस बारे में सोचें कि अगर यह होती है, तो क्या होगा और आप किस तरह प्रतिक्रिया करेंगे।

रॉयल डच शेल संसार की सबसे बड़ी तेल कंपनियों में से एक है। यह अपनी परिदृश्य योजना के लिए मशहूर है। चूँकि इसके पूरे संसार में तेल और गैस क्षेत्र, पंपिंग स्टेशन, पाइपलाइन, जहाज़, रिफ़ाइनरी और गैस

स्टेशन हैं, इसलिए कंपनी ने बहुत से संकटों से निपटने के लिए 600 से ज़्यादा काल्पनिक परिदृश्य तैयार करके रखे हैं।

फलस्वरूप अगर कज़ाकिस्तान में पाइपलाइन टूट जाए, नाइजीरिया में गृहयुद्ध हो जाए या अलास्का में तेल फैल जाए, तो रॉयल डच शेल के पास उस स्थिति पर प्रतिक्रिया करने के लिए एक लिखित कार्ययोजना है। कंपनी तेज़ी से और कार्यकुशलता से प्रतिक्रिया करने के लिए तैयार है। यह नुक़सान व लागत कम करने, तेल और गैस को एक जगह से दूसरी जगह पर पहुँचाने के लिए तैयार है, ताकि आपूर्ति में व्यवधान न पड़े।

इसी तरह आपको भी भविष्य में आगे जाकर सोचना चाहिए कि आपकी योजनाओं पर कौन सी चीज़ पानी फेर सकती है या आपको लक्ष्य हासिल करने से रोक सकती है, फिर आपको वर्तमान में आकर पूछना चाहिए, अगर ऐसी स्थिति हो जाए, तो मैं इससे निपटने के लिए तुरंत क्या करूँगा?

विजय की कुंजी

किसी युद्ध में क्या हो सकता है, इसे भाँपने की योग्यता के लिए नेपोलियन बोनापार्ट मशहूर थे। वे अपने सेनानायकों के साथ पहले से जाकर संभावित युद्धस्थल की जाँच करते थे। वे ज़मीन की स्थिति का सावधानी से मुआयना करते थे और अपने दिमाग़ में दर्ज कर लेते थे कि वे अपना तोपख़ाना कहाँ तैनात कर सकते हैं, पैदल सेना कहाँ रख सकते हैं और अश्वारोही सेना कहाँ रख सकते हैं, फिर जब भी संभव होता था, वे शत्रु सेना को अपने चुने हुए युद्धक्षेत्र में आने के लिए ललचाते थे।

आज हम नेपोलियन को ऐसे सेनापति के रूप में याद करते हैं, जो वाटरलू के युद्ध में हारा था। वे 1813 में जर्मनी में लीपजिग़ के युद्ध में भी हारे थे और वे 1812 में रूस पर चढ़ाई करने में भी असफल हुए थे, लेकिन इस बात को अक्सर भुला दिया जाता है कि 1793 और 1815 के बीच उन्होंने सैकड़ों युद्धों में पूरे यूरोप में फ़्रांसीसी सेनाओं का नेतृत्व किया और लगभग हर बार विजयी रहे, अक्सर बड़ी सेनाओं के सामने।

किसी युद्ध में सबसे बुरी चीज़ें कौन सी हो सकती हैं, यह देखने और संकटों को भाँपने की उनकी योग्यता के कारण वे शत्रु सेनापति से

एक क़दम आगे रहते थे। जब युद्ध शुरू हो जाता था, तो इसके बाद चाहे कुछ भी हो, वे उसके लिए तैयार रहते थे। जब युद्ध आगे बढ़ता था, तो वे अनपेक्षित शत्रु कार्रवाई से निपटने के लिए तुरंत आदेश देते थे या पीछे हटने या आगे बढ़ने से लाभ लेते थे। उन्होंने पहले से हर संभव परिदृश्य के बारे में सोच रखा था।

आप जिन समस्याओं, चुनौतियों और संकटों का सामना कर सकते हैं, उनके बारे में आप पहले जितना ज़्यादा विचार कर लेते हैं, उनके सचमुच होने पर आप उतने ही ज़्यादा शांत और आत्मविश्वासी रहेंगे। जिस तरह ठंड के बाद गरमी आती है, उसी तरह आपके जीवन में छोटी-बड़ी समस्याओं और संकटों की अंतहीन श्रृंखला होगी।

दिशा में सुधार करते रहें

यह हमें सफलता के असली रहस्य के एक बहुत महत्त्वपूर्ण हिस्से की ओर ले जाता है। पहले मैंने कहा था कि विमान 99 प्रतिशत समय सही दिशा से दूर रहता है। एक जगह से दूसरी जगह जाने वाली उड़ान में विमान को इसकी मंज़िल की ओर उड़ाए रखने के लिए लगातार दिशा में सुधार करना पड़ता है।

अपने जीवन में आपको भी दिशा में लगातार सुधार करने की ज़रूरत होगी। हर दिन के हर घंटे आप अप्रत्याशित घटनाओं और परिस्थितियों से निपटने के लिए छोटे-बड़े परिवर्तन करेंगे। जल्दी से और प्रभावी ढंग से दिशा में ये सुधार करने की आपकी योग्यता आपकी सफलता को जितना तय करेगी, उतना कोई दूसरी चीज़ नहीं करेगी।

आरामदेह दायरे के प्रलोभन का प्रतिरोध करें

असफलता के डर की वजह से ज़्यादातर लोग परिवर्तन का प्रतिरोध करते हैं, भले ही परिवर्तन से उन्हें लाभ हो रहा हो। गति के नियम के कारण - ''गति में रहने वाली कोई चीज़ गति में ही रहती है, जब तक कि उस पर कोई बाहरी शक्ति काम न करे'' - लोगों में हर दिन और हर साल वही

चीज़ें करने की प्रवृत्ति होती है और इसका कारण सिर्फ़ यह होता है कि वे एक ख़ास तरीक़े से उन्हें करने के आदी हो जाते हैं।

हैरॉल्ड जेनीन ने कहा था, "एक्ज़ीक्यूटिव स्यूट में सबसे बड़ी समस्या शराब या वर्केहोलिज़्म की नहीं है; यह तो अहंकार की है।"

ज़्यादातर लोग ग़लत होने से नफ़रत करते हैं। भले ही यह स्पष्ट हो कि वे ग़लत हैं, लेकिन वे इसे स्वीकार करने से नफ़रत करते हैं। अपने अहंकार के कारण वे यह स्वीकार नहीं करना चाहते कि उनसे ग़लती हो गई है। इससे बचने के लिए वे अविश्वसनीय मानसिक और भावनात्मक घुमावों से गुज़रते हैं। अगर वे कोई ग़लती करते हुए पकड़े जाते हैं, तो ज़्यादातर लोगों में इसे नज़रअंदाज़ करने, इससे इंकार करने या इसके लिए किसी दूसरे को दोष देने की प्रवृत्ति होती है। वे दिशा में सुधार करने से इंकार करते हैं।

परिवर्तन एकमात्र निरंतर चीज़ है

लेकिन तीव्र परिवर्तन के समय में, अमेरिकन मैनेजमेंट एसोसिएशन के अनुसार, आप 70 प्रतिशत समय ग़लत रहेंगे। जानकारी बदल जाएगी। प्रौद्योगिकी उन्नत हो जाएगी। आपकी प्रतिस्पर्धा कुछ अनपेक्षित कर देगी। जिन घटनाओं पर आपका कोई नियंत्रण नहीं है, वे आपकी सर्वश्रेष्ठ योजनाओं और इरादों को नाकाम कर देंगी।

शुक्रवार को आप एक पूर्ण कार्ययोजना बना सकते हैं, जिसमें कई दिनों या सप्ताह की योजना शामिल हो, लेकिन अचानक सोमवार को बाज़ार में कोई चीज़ हो सकती है, जैसे 9/11 जितनी बड़ी या आपके प्रतिस्पर्धी द्वारा भाव घटाने जितनी छोटी, जो आपकी सारी योजनाओं को बदल देती है।

इसीलिए *लचीलापन* एक अनिवार्य गुण है, जिसे आपको तूफ़ानों, उथल-पुथल, विरोधी हवाओं और आकाशीय बिजली से प्रभावी ढंग से निपटने के लिए विकसित करना चाहिए, जिनका अनुभव आप अपनी मंज़िल की ओर अपनी उड़ान में करते हैं। आपको फ़ीडबैक स्वीकार करने और स्वयं में सुधार करने का इच्छुक होना चाहिए। आपको इस बात से सरोकार नहीं रखना चाहिए कि सही कौन है। इसके बजाय आपको इससे ज़्यादा सरोकार रखना चाहिए कि सही क्या है।

कुछ लोग सोचते हैं कि ग़लतियाँ स्वीकार करना और दिशा बदलना कमज़ोरी या अक्षमता का संकेत है, लेकिन तीव्र परिवर्तन के दौर में अपनी ग़लती स्वीकार करने की इच्छुकता, नई आवश्यक जानकारी के आधार पर नए निर्णय लेना और अपने कार्य की दिशा में आवश्यक परिवर्तन करना साहस, चरित्र और व्यक्तिगत शक्ति की निशानी है। कमज़ोर लोग हमेशा अपनी ग़लतियाँ ढकने की कोशिश करते हैं। शक्तिशाली लोग उन्हें तुरंत स्वीकार करते हैं और फिर तुरंत एक अलग कार्यदिशा चुनते हैं।

शून्य आधारित सोच का अभ्यास करके अपने मस्तिष्क को हर समय साफ़ रखें। ख़ुद से पूछें, इस नई जानकारी के आधार पर अगर मैं इस चीज़ को अभी नहीं कर रहा होता, तो अपने वर्तमान ज्ञान के आधार पर क्या मैं इसे आज दोबारा शुरू करता?

अगर जवाब नहीं है, तो अपने लक्ष्य की दिशा में बने रहने के लिए तुरंत आवश्यक परिवर्तन करें। इस नियम को याद रखें : अपने लक्ष्य के बारे में स्पष्ट बनें, लेकिन इसे हासिल करने की प्रक्रिया के बारे में लचीले बनें।

अपने मस्तिष्क पर नियंत्रण हासिल करें

जब भी आप अवश्यंभावी संकट से टकराएँ, तो ख़ुद से और दूसरों से ये मुख्य प्रश्न पूछकर अपने मस्तिष्क और स्थिति पर नियंत्रण हासिल करें :

1. हम क्या करने की कोशिश कर रहे हैं?
2. हम इसे कैसे करने की कोशिश कर रहे हैं?
3. क्या कोई बेहतर तरीक़ा है?
4. हमारे पूर्वानुमान क्या हैं?
5. अगर हमारे पूर्वानुमान ग़लत हों, तो क्या हो?
6. इन प्रश्नों के हमारे उत्तरों के आधार पर हमें कौन से काम तुरंत करने चाहिए?
7. वह पहला काम कौन सा है, जो हमें करना चाहिए?

तथ्यों को समस्याओं से अलग करें। तथ्य ऐसी चीज़ है, जो निश्चित है और अटल है, जैसे अतीत की कोई घटना, जिसे आप बदल नहीं सकते

या कोई वर्तमान घटना, जिस पर आपका कोई नियंत्रण नहीं है, जैसे मौसम।

दूसरी ओर, समस्या ऐसी चीज़ है, जिसे सुलझाया जा सकता है। आप इसके बारे में कुछ कर सकते हैं। आप अपने मस्तिष्क का इस्तेमाल करके किसी तरह का समाधान खोज सकते हैं।

नियम आसान है : किसी ऐसी चीज़ के बारे में विचलित या नाराज़ न हों, जिसे आप बदल नहीं सकते। उन चुनौतियों के लिए अपने समय और ऊर्जा को बचाएँ, जिन्हें आप किसी तरह से प्रभावित कर सकते हैं। ख़ुद को याद दिलाएँ कि ''जिसका इलाज नहीं हो सकता, उसे सहना करना चाहिए।''

लचीले कैसे बने रहें

अपने मस्तिष्क को नियमित रूप से साफ़ करने और किसी भी स्थिति से निपटने की अपनी योग्यता को बढ़ाने के लिए आप ये तीन कथन कह सकते हैं। जब आप समस्याओं और मुश्किलों की प्रतिक्रिया में ये कथन कहने की आदत डाल लेते हैं, तो आप कहीं ज़्यादा आसानी से दिशा में सुधार करेंगे, जो आपकी मंज़िल तक पहुँचने के लिए अनिवार्य हैं।

1. जब आप कोई निर्णय लेते हैं और नई जानकारी या परिस्थिति साबित करती है कि वह निर्णय ग़लत था, तो यह कहने में न डरें, ''**मैं ग़लत था।**''

   जैसे ही आप यह स्वीकार करते हैं कि आप ग़लत थे, स्थिति ख़त्म हो जाती है। आपको अपनी रक्षा करने, तर्कसंगत साबित करने या बात को स्पष्ट करने में एक मिनट या ज़रा सी भी ऊर्जा बर्बाद करने की ज़रूरत नहीं होती। बस कहें, ''मैं ग़लत था,'' और फिर दिशा में सुधार शुरू करें, जो आपको नई जानकारी के आधार पर करने की ज़रूरत है।

2. दूसरा कथन जो आपको कहने की ज़रूरत है, वह है ''**मैंने एक ग़लती की।**''

चूँकि आपके 70 प्रतिशत निर्णय ग़लत साबित होंगे, इसलिए आपका पूरा जीवन छोटी-बड़ी ग़लतियों की श्रृंखला से भरा होगा। जब आप शांति और आत्मविश्वास से स्वीकार करते हैं कि आप आदर्श नहीं हैं और आपके पास जो जानकारी थी, उसके आधार पर आप ग़लत निष्कर्ष पर पहुँचे थे और आपने एक ग़लती कर दी है, तो इससे स्थिति ख़त्म हो जाती है। हर व्यक्ति अब समाधान पर और वे काम करने पर ध्यान केंद्रित कर सकता है, जो आप सही दिशा में आने के लिए कर सकते हैं।

3. आपको जो तीसरा कथन कहने की ज़रूरत है, वह है "**मैंने अपना इरादा बदल लिया।**"

   जीवनभर आप इस आधार पर निर्णय लेंगे कि आप उस पल कैसा सोचते और महसूस करते हैं, लेकिन कुछ घंटों या दिनों के बाद आप स्थिति को भिन्न तरीक़े से देख सकते हैं। आपको यह अहसास हो सकता है कि आपकी वर्तमान जानकारी के आधार पर आपका पिछला निर्णय आपके लिए सर्वश्रेष्ठ नहीं था। जब आपमें यह स्वीकार करने की शक्ति होती है कि आपने अपना मन या इरादा बदल लिया है, तो आप आगे बढ़ सकते हैं।

चयन के लिए स्वतंत्र

मेरे माता-पिता अपनी सोच में काफ़ी कट्टर थे। जब वे कोई निर्णय ले लेते थे, तो इसके बाद टस से मस नहीं होते थे। इसके फलस्वरूप बचपन में मेरा जीवन कुंठाजनक था। भले ही वे ग़लत हों, लेकिन मेरे माता-पिता इसे कभी स्वीकार नहीं करते थे, क्योंकि उनका अहंकार शामिल होता था।

जब मैंने अपने बच्चों को पाला, तो मैंने इस व्यवहार को उलटने का निर्णय लिया। मैंने उन्हें कम उम्र से ही बताया, "तुम हमेशा अपना इरादा बदलने के लिए स्वतंत्र हो।" मैं नहीं चाहता था कि वे कभी यह महसूस करें कि अगर उन्होंने कोई बात कह दी थी या कोई इरादा कर लिया था, तो उन्हें अनिश्चित भविष्य में भी इसकी रक्षा करने के जाल में फँसना होगा।

मेरी बेटी क्रिस्टीना अब बड़ी हो चुकी है और विवाहित है, लेकिन उसने मुझे बार-बार बताया है कि "तुम हमेशा अपना इरादा बदलने के लिए स्वतंत्र हो," यह सलाह उन सबसे मुक्तिदायक विचारों में से एक है, जो उसने कभी सीखी थी। वह इसे हर एक को सिखाती है। आप स्वयं इसका अभ्यास कर सकते हैं।

आपके लिए जो भी संभव है, हर चीज़ हासिल करने की कुंजी यही है कि आप ज़िंदगीभर दिशा में लगातार सुधार करते रहें। और हाँ, आप अपने मन या इरादे को कभी भी बदल सकते हैं।

अध्याय आठ

सीखने और प्रगति की गति बढ़ाना

केवल हृदय के साथ ही व्यक्ति सही देख सकता है;
जो अनिवार्य है, वह आँख से नहीं दिखता।

– एंटवान डी सेंट-एक्ज़ुपेरी

आपकी सबसे मूल्यवान वित्तीय संपत्ति क्या है? आश्चर्यजनक बात यह है कि यह आपका घर, आपके निवेश या आपका बैंक अकाउंट नहीं है। यह तो आपकी *आमदनी कमाने* की योग्यता है। पैसे कमाने की आपकी योग्यता आपके पास मौजूद सबसे क़ीमती और नश्वर संपत्ति है।

आज आपकी आमदनी कमाने की योग्यता जिस स्तर पर है, उस स्तर तक आने में आपको पूरा जीवन लग गया है। आमदनी कमाने की आपकी वर्तमान योग्यता आपके ज्ञान, योग्यताओं, अनुभव, शिक्षा, पृष्ठभूमि, व्यक्तित्व, चरित्र और विचार व व्यवहार के गुणों, जैसे साहस, आत्म-अनुशासन व लगन का मिश्रण है। आप आमदनी कमाने की अपनी योग्यता का विवेकपूर्ण इस्तेमाल करके हर साल लाखों डॉलर कमा सकते हैं।

आप अपना घर, आपकी कार, आपके पैसे और बाक़ी सारी भौतिक संपत्तियों को खो सकते हैं, लेकिन जब तक आपके पास आपकी आमदनी कमाने की योग्यता है, तब तक आप बाज़ार में जा सकते हैं और इन सारी चीज़ों को दोबारा कमा सकते हैं।

आपकी अमूर्त संपत्तियाँ

आपकी आमदनी कमाने की योग्यता अदृश्य है। यह अमूर्त है। इसका अनुमान लगाना या इसे मापना मुश्किल है। समान आईक्यू और समान ग्रेड वाले दो लोग एक ही कॉलेज से शिक्षा ले सकते हैं और एक साथ नौकरी शुरू कर सकते हैं। दस साल बाद उनमें से एक को कई बार प्रमोशन मिल चुका होता है और वह दूसरे व्यक्ति की तुलना में पाँच या दस गुना ज़्यादा कमा रहा होता है। ऐसा क्यों होता है?

इसका स्पष्टीकरण सरल है। आपकी कमाने की योग्यता या तो *बढ़ती संपत्ति* है या फिर *घटती संपत्ति* है : या तो इसका मूल्य समय के साथ बढ़ता है या फिर समय के साथ घटता है। और यह पूरी तरह आपके नियंत्रण में होता है।

बढ़ती संपत्ति समय गुज़रने के साथ ज़्यादा मूल्यवान बनती जाती है। चाहे आप जहाँ भी हों, जब आप आजीवन सीखने के प्रति ख़ुद को समर्पित करते हैं, लगातार अपने ज्ञान और योग्यताओं को बढ़ाने और मूल्य जोड़ने की आपकी योग्यता बढ़ाने के प्रति समर्पित करते हैं, तो आपकी कमाने की योग्यता बढ़ेगी। आपको ज़्यादा भुगतान मिलेगा, क्योंकि आप ज़्यादा मूल्यवान बन जाएँगे। कारण और परिणाम के नियम के अनुसार जब आप अपनी आमदनी कमाने की योग्यता को बढ़ा लेते हैं, तो आप किसी प्रतिस्पर्धी बाज़ार में अपने मूल्य और अपने योगदान के मूल्य को बढ़ा लेते हैं।

सबसे ऊँचे भुगतान वाली बुद्धि

हार्वर्ड यूनिवर्सिटी के हॉवर्ड गार्डनर के अनुसार हमारे समाज में सबसे महत्त्वपूर्ण और सबसे ऊँचे भुगतान वाली बुद्धि *सामाजिक बुद्धि* है। इसका संबंध सौदेबाज़ी करने, संवाद करने, राज़ी करने और अपनी बात मनवाने, अपने प्रॉडक्ट्स को बेचने और अपनी सेवाओं को दूसरों को बेचने की आपकी योग्यता से है।

जीवन में कुछ भी सार्थक हासिल करने के लिए आपको बहुत से लोगों की सहायता और सहयोग की ज़रूरत होती है। आपके लोक-व्यवहार

की योग्यता दूसरों की सहायता और समर्थन हासिल करने में किसी दूसरी चीज़ से ज़्यादा मूल्यवान होती है। हो सकता है कि यह उतनी विकसित न हो, जितनी होनी चाहिए।

आपमें ख़ुद की और अपने व्यवसाय की तरफ़ से सौदेबाज़ी करने की योग्यता कम हो सकती है, जिस कारण आपको सामान ख़रीदते-बेचते समय सर्वश्रेष्ठ भाव नहीं मिल पाते। आपमें ख़ुद को या अपने प्रॉडक्ट्स व सेवाएँ संदेह करने वाले उपभोक्ताओं को बेचने की योग्यता का अभाव हो सकता है, जो अपने वर्तमान सप्लायर या प्रॉडक्ट से काफ़ी संतुष्ट हों।

अपने एक्सीलरेटर पर पैर दबाएँ

अपने ज्ञान और अपनी योग्यताओं को बढ़ाना मंज़िल की राह पर आपके इंजन में हाई ऑक्टेन ईंधन का इस्तेमाल करने जैसा होता है। अपने योगदान को बढ़ाने वाली नई योग्यताओं को सीखना आपकी संभावना के एक्सीलरेटर को दबाने जैसा होता है। सरल भाषा में कहें, तो ज़्यादा कमाने के लिए आपको ज़्यादा सीखना होगा। जैसा बास्केटबॉल कोच पैट राइली ने कहा था, ''अगर आप बेहतर नहीं बन रहे हैं, तो आप बदतर बन रहे हैं।''

दुर्भाग्य से ज़्यादातर लोगों के मामले में आमदनी कमाने की योग्यता निश्चित संपत्ति है या इससे भी बदतर, *घटती संपत्ति* है। योगदान देने की उनकी योग्यता मुद्रास्फीति की दर यानी प्रति वर्ष 3 प्रतिशत से ज़्यादा गति से नहीं बढ़ रही है। इस कारण ज़्यादातर लोगों के पास ऐसी नौकरी रहती है, जिसमें वे दिवालिया होने से एक क़दम दूर रहते हैं।

हमारे समाज में शीर्षस्थ 20 प्रतिशत लोग अपनी कमाने की योग्यता को लगातार बढ़ा रहे हैं। वे अपनी ख़ुद की कंपनी या उनके नियोक्ताओं की कंपनी में ज़्यादा योगदान देने और बेहतर परिणाम देने की योग्यता को बढ़ा रहे हैं। वे सर्वश्रेष्ठ पुस्तकें पढ़ते हैं, सर्वश्रेष्ठ शैक्षणिक सीडी सुनते हैं, शैक्षणिक डीवीडी देखते हैं और अपने क्षेत्र में अतिरिक्त कोर्स करते हैं। वे इस तरह सीखते हैं, मानो उनका भविष्य इस पर निर्भर हो, क्योंकि यह सचमुच निर्भर करता है।

आप जो सबक़ सीखते हैं, उन्हें लिख लें

मेरे एक दोस्त ने बीस साल की उम्र के बाद एक मार्केटिंग बिज़नेस शुरू किया। उसने दो साल तक सप्ताह में सातों दिन, दिन में बारह घंटे काम किया, लेकिन व्यवसाय असफल हो गया और उसने हर चीज़ गँवा दी।

फिर उसने ऐसा कुछ किया, जिसने उसकी ज़िंदगी बदल दी। वह एक स्पाइरल नोटबुक लेकर बैठा और हर पेज़ के ऊपर उसने प्रश्नों की श्रृंखला लिखी :

1. इस अनुभव से मैंने सामान्यत: बिज़नेस के बारे में कौन से सबक़ सीखे?
2. मैंने इस कारोबारी असफलता से ग्राहकों और बाज़ारों के बारे में कौन से सबक़ सीखे?
3. इस अनुभव से मैंने लोगों और कर्मचारियों के बारे में कौन से सबक़ सीखे?
4. मैंने साझेदारों और कारोबारी सहयोगियों के बारे में कौन से सबक़ सीखे?
5. मैंने धन, बैंकिंग और वित्त के बारे में कौन से सबक़ सीखे?
6. मैंने अपनी शक्तियों और कमज़ोरियों के बारे में कौन से सबक़ सीखे?
7. मैंने इस अनुभव से प्रॉडक्ट्स व सेवाएँ उत्पन्न करने और पहुँचाने के बारे में कौन से सबक़ सीखे?

फिर उसने इनमें से हर प्रश्न का पूरे पेज़ में जवाब लिखा, जैसा विचारमंथन में किया जाता है। यह स्पाइरल नोटबुक अगले व्यवसाय के लिए उसकी हैंडबुक बन गई। जब भी उसे कोई समस्या या मुश्किल आती थी, तो वह अपने सीखे गए सबक़ याद करने के लिए सही पेज़ खोल लेता था।

पैंतीस साल की उम्र तक वह मिलियनेयर बन गया। जब तक वह चालीस का हुआ, वह मल्टीमिलियनेयर हो गया। पचास साल की उम्र में वह पाम स्प्रिंग्स में एक गोल्फ़ कोर्स पर एक सुंदर घर में रिटायर हुआ, जहाँ वह आज तक रहता है।

व्यक्तिगत उत्कृष्टता हासिल करना

व्यक्तिगत उत्कृष्टता संभवत: सबसे महत्त्वपूर्ण अदृश्य और अमूर्त संपत्ति है, जिसे आप हासिल कर सकते हैं। अपने व्यवसाय या उद्योग में व्यक्तिगत उत्कृष्टता हासिल करने में आजीवन समर्पण की ज़रूरत होती है, लेकिन एक बार जब आप अपने क्षेत्र के शीर्षस्थ 10 प्रतिशत में पहुँच जाते हैं, तो आप देश में सबसे ऊँचे भुगतान वाले लोगों में होंगे। आप अपने चारों ओर के सभी लोगों के सम्मान का आनंद लेंगे। आप अपनी ज़िंदगी उस तरह जी पाएँगे, जैसी आप जीना चाहते हैं। आप आत्म-गौरव, आत्म-सम्मान और व्यक्तिगत गर्व के उच्च स्तरों का आनंद लेंगे।

कुछ समय पहले लास वेगास में एक सेमिनार में एक सज्जन मेरे पास आए। वे बोले, ''जब आपने चार साल पहले इस कंपनी में व्याख्यान दिया था, तो आपने हमें बताया था कि अगर हमारे पास स्पष्ट लिखित लक्ष्य हों, हम अपनी योग्यताओं को नया करने में लगातार मेहनत करें और कभी यह काम न छोड़ें, तो हम अपनी आमदनी दोगुनी कर लेंगे।

''देखिए,'' उन्होंने कहा, ''आपकी बात काफ़ी ग़लत निकली। मैंने आपके निर्देशों का अक्षरश: पालन किया। मैं पिछले चार सालों से हर दिन ख़ुद पर काम कर रहा हूँ, लेकिन मेरी आमदनी दोगुनी नहीं हुई; यह तो लगभग दस गुनी हो गई है। मुझे यक़ीन नहीं होता कि मैं आज उस वक़्त की तुलना में कितने ज़्यादा पैसे कमा रहा हूँ, जो मैं तब कमा रहा था, जब मैंने ख़ुद को कामकाज में हर दिन बेहतर करने के प्रति समर्पित नहीं किया था।''

अपनी बौद्धिक संपत्तियों को बनाएँ

हर व्यक्ति तीन प्रकार की बौद्धिक पूँजी हासिल कर सकता है। इनमें अध्ययन और कड़ी मेहनत के निवेश की ज़रूरत होती है, लेकिन वे जीवन भर आपको ज़्यादा ऊँची आमदनी देती हैं।

आप जो पहले प्रकार की बौद्धिक पूँजी हासिल करते हैं, उसमें आपका बुनियादी ज्ञान, योग्यताएँ और दक्षताएँ शामिल होती हैं। ये शिक्षा, अनुभव और प्रशिक्षण का परिणाम हैं। ये तय करते हैं कि आप अपना काम

कितनी अच्छी तरह करते हैं और व्यवसाय में आपके योगदान का मूल्य कितना है। इन्हें आप जीवनभर बिना किसी सीमा के बढ़ा सकते हैं और बेहतर बना सकते हैं। कई बार, तो एक मुख्य योग्यता को बढ़ाकर ही आप अपने योगदान के मूल्य और आमदनी को *दोगुना* कर सकते हैं।

अपने आंतरिक ज्ञान का निर्माण करें

आपके पास जो दूसरे प्रकार की बौद्धिक पूँजी होती है, वह आपका ज्ञान है कि आपके प्रतिस्पर्धियों या किसी अन्य व्यवसाय की तुलना में आपका व्यवसाय किस तरह आंतरिक रूप से चलता है।

हर व्यवसाय मार्केटिंग, बेचने, उत्पादन करने, प्रॉडक्ट्स व सेवाएँ पहुँचाने और ग्राहकों को संतुष्ट करने के लिए सिस्टम्स, प्रणालियों, तकनीकों तथा रणनीतियों की श्रृंखला विकसित करता है। हर व्यवसाय का अपना ख़ुद का राजनीतिक और सामाजिक तंत्र होता है, जो हर व्यक्ति के तुलनात्मक महत्त्व और शक्ति को तय करता है और इस बात को भी कि काम करने के लिए आपको किन के साथ काम करना पड़ता है।

हर व्यवसाय में अकाउंटिंग, प्रशासन और वित्तीय नियंत्रणों के अपने आंतरिक सिस्टम्स होते हैं। इन सिस्टम्स को विकसित होने में कई साल लगते हैं और इन्हें सीखने में किसी नए व्यक्ति को काफ़ी समय लगता है। बहरहाल, वे अक्सर कंपनी के 'स्टॉक इन ट्रेड' का मुख्य हिस्सा होते हैं। जो व्यक्ति इन सिस्टम्स को अंतरंगता से जानता-समझता है, उसके पास बौद्धिक पूँजी का ऐसा स्वरूप होता है, जिसका विकल्प खोजना कंपनी के लिए मुश्किल होता है।

जब मेरी पंद्रह साल पुरानी एक्ज़ीक्यूटिव असिस्टेंट ने मेरे पास आकर वेतन बढ़ाने को कहा, तो मुझे तुरंत अहसास हुआ कि उसकी जगह किसी दूसरे को नियुक्त करने में मुझे समय, प्रयास व व्यय के रूप में काफ़ी ज़्यादा लागत आएगी। उतनी बौद्धिक पूँजी हासिल करने में नए व्यक्ति को कई महीने या वर्ष भी लग सकते हैं। मेरे व्यवसाय के हर पहलू के उसके विस्तृत ज्ञान, जिसमें मेरे ग्राहकों, संपर्कों, अनुबंधों, संवाद और मेरे व्यावसायिक गतिविधियों की जटिलताएँ शामिल थीं, को हासिल करने में उसे कई साल लगे थे। जब मैं इस सबकी तुलना किसी दूसरे को उसकी जगह नियुक्त

करने की लागत से करता हूँ, तो उसे वेतनवृद्धि देना आसान है। उसने ख़ुद को बेहद मूल्यवान बना लिया है।

परिणाम पाने के लिए अपनी योग्यता का निर्माण करें

आपके पास बौद्धिक पूँजी का जो तीसरा रूप होता है और जो शायद आपकी आमदनी कमाने की योग्यता का मुख्य निर्धारक होता है, वह आपका ज्ञान और समझ है कि आप प्रतिस्पर्धी बाज़ार में वित्तीय परिणाम कैसे पा सकते हैं। इसमें आपके प्रॉडक्ट्स व सेवाओं का ज्ञान शामिल होता है और यह भी कि उन्हें कैसे बेचें। इसमें ग्राहकों और सप्लायर्स का आपका ज्ञान शामिल होता है तथा यह भी कि उनसे कैसे पेश आएँ। इसमें बैंकरों, वकीलों, अकाउंटेंट्स और सरकारी अधिकारियों के साथ आपका परिचय शामिल होता है तथा यह भी कि उनसे प्रभावी ढंग से व्यवहार कैसे करें। इस तरह की बौद्धिक पूँजी को बनने में बरसों लग सकते हैं और यह आपके संगठन के लिए बेहद मूल्यवान होती है।

ख़ुद के प्रति आपकी पहली जिम्मेदारी यह है कि आप अपने कमाने की योग्यता को ऊँचे स्तर पर विकसित करें। आप लगातार अपनी बौद्धिक पूँजी को बढ़ाकर, काम करने की अपनी योग्यता का नवीनीकरण करके, अपने संगठन का मूल्यवान हिस्सा बनकर और अपने संगठन के लिए ज़्यादा व बेहतर वित्तीय परिणाम हासिल करके यह करते हैं।

आपकी कार्यकुशलता और प्रभावीपन

आपका लक्ष्य पहले ख़ुद को मूल्यवान और फिर ख़ुद को *अनिवार्य* बनाना है। आप यह इस तरह करते हैं कि आप थोड़ा ज़्यादा जल्दी काम शुरू करते हैं, थोड़ी ज़्यादा मेहनत से काम करते हैं और थोड़ी ज़्यादा देर तक काम करते हैं। आप अपने पद पर किसी दूसरे से ज़्यादा और बेहतर परिणाम हासिल करके ख़ुद को अनिवार्य बनाते हैं। जब मूल्यवान योगदान देने की आपकी प्रतिष्ठा बन जाती है, तो आप जल्दी ही उन लोगों के ध्यान में आ जाएँगे, जो आगे बढ़ने में आपकी मदद कर सकते हैं। आपके करियर की

हर अवस्था में आपको ज़्यादा वेतन मिलेगा और ज़्यादा तेज़ी से प्रमोशन मिलेंगे, चाहे आप अपना ख़ुद का व्यवसाय चला रहे हों या किसी और के लिए काम कर रहे हों।

क़िस्मत तैयार मस्तिष्क को लाभ पहुँचाती है

आप अदृश्य प्रभावों का लाभ लेने की अपनी योग्यता को बेहतर बना सकते हैं, जो बहुत ज़्यादा सफल होने में आपकी मदद कर सकते हैं। कुंजी लगातार नई जानकारी ग्रहण करना है। पुस्तकें पढ़ें, पत्रिकाएँ पढ़ें, अपने क्षेत्र के विशेषज्ञों के लिखे न्यूज़लेटर पढ़ें। अपने उद्योग के एसोसिएशन की वार्षिक सभाओं में जाएँ और अपने व्यवसाय में विशेषज्ञों से जो भी सीख सकते हों, हर चीज़ सीखें। दूसरे लोगों से नियमित रूप से मिलें, जो आपके व्यवसाय में काम करते हैं और उनके साथ विचारों का आदान-प्रदान करें।

संभावना के नियम के अनुसार आप कभी नहीं जानते कि कौन सा विचार वह क्रांतिकारी विचार होगा, जो सफलता के निश्चित स्तर को हासिल करने में आपकी कई साल की कड़ी मेहनत बचा देगा। इसलिए आपको ज़्यादा से ज़्यादा नए विचारों और नई जानकारी के संपर्क में आना चाहिए, ताकि इस बात की संभावना बढ़ जाए कि आपके पास सही समय पर सही स्थिति के लिए सही विचार हो।

आपके क्षेत्र में शीर्षस्थ 10 प्रतिशत

आपके चुने हुए करियर में आपके लिए जो संभव है, उसे हासिल करने के लिए आपको शीर्षस्थ 10 प्रतिशत में शामिल होने के लिए समर्पित हो जाना चाहिए। यह विचार कई लोगों को सदमे जैसा लगता है। जब मैंने सबसे पहले सीखा कि बड़ी सफलता हासिल करने के लिए मुझे अपने क्षेत्र में शीर्षस्थ 10 प्रतिशत लोगों में शामिल होना होगा, तो मेरी शुरुआती प्रतिक्रिया निराशा और उत्साहहीनता की थी। मैंने हाई स्कूल की पढ़ाई पूरी नहीं की थी। मैंने बिक्री के क्षेत्र में आने से पहले कई साल तक मज़दूरी के काम किए थे। मुझे बहुत बार नौकरी से निकाला गया था और मैं तीस साल की उम्र के बाद भी कड़का या लगभग कड़का था।

फिर मैंने एक ऐसी चीज़ सीखी, जिसने मेरी ज़िंदगी बदल दी : आज जो भी व्यक्ति शीर्ष 10 प्रतिशत में है, उसने कभी निचले 10 प्रतिशत में शुरुआत की थी। आज जो भी व्यक्ति अच्छा प्रदर्शन कर रहा है, वह कभी ख़राब प्रदर्शन कर रहा था। जैसा वक्ता टी. हार्व एकर कहते हैं, ''हर महारथी कभी एक तबाही था।''

हर व्यक्ति तलहटी से शुरुआत करता है

जरा सोचें! जो भी व्यक्ति आज आपके क्षेत्र में शिखर पर है, वह हर व्यक्ति कभी आपके क्षेत्र में ही नहीं था और उसे पता भी नहीं था कि यह अस्तित्व में था। आज वे शिखर पर हैं और औसत आमदनी से कई गुना ज़्यादा कमा रहे हैं। और सबसे अच्छी ख़बर यह है कि असंख्य दूसरे लोगों ने जो भी किया है, आप भी वही कर सकते हैं, बशर्ते आप जानते हों कि कैसे।

कोई भी आपसे बेहतर और ज़्यादा स्मार्ट नहीं है। आपमें इतने ज़्यादा गुण, योग्यता और बुद्धि है कि आप सौ जीवनकाल में भी उनका पूरा इस्तेमाल नहीं कर सकते। कारण और परिणाम के नियम के अनुसार, अगर आप वह सीखते और अभ्यास करते हैं, जो दूसरे सफल लोग कर रहे हैं, तो अंतत: आप भी उन्हीं योग्यताओं में माहिर बन जाएँगे, जो उनके पास हैं और आपको भी वही परिणाम मिलेंगे, जो उन्हें मिलते हैं। कोई सीमाएँ नहीं हैं, सिवाय उनके जिन्हें आप अपनी सोच से ख़ुद पर लगाते हैं।

विडंबना यह है : उत्कृष्टता के प्रति समर्पण का अभाव अपने आप दोयमता की स्वीकृति बन जाता है। कोई भी कभी संयोग से उत्कृष्ट नहीं बनता। किसी भी दीर्घकालीन, सार्थक लक्ष्य को हासिल करने की तरह ही आप जो करते हैं, उसमें उत्कृष्ट बनने में बहुत, बहुत लंबा समय लगता है।

महारथी बनना

अपने क्षेत्र में शिखर पर पहुँचने में आपको कितना समय लगेगा? महारत के विषय पर पचास से ज़्यादा वर्षों के अध्ययन में विशेषज्ञों ने तय किया है कि किसी क्षेत्र में शीर्षस्थ 10 प्रतिशत में पहुँचने के लिए व्यक्ति को कड़े, एकाग्र प्रयास के दस हज़ार घंटे या लगभग सात साल लगते हैं।

एक उत्कृष्ट न्यूरोसर्जन बनने में सात साल का समय लगता है। शीर्ष सेल्सपर्सन बनने में सात साल का समय लगता है। सफल उद्यमी बनने में सात साल का समय लगता है। शीर्ष डीजल मैकेनिक बनने में सात साल का समय लगता है। आपका चुना हुआ पेशा जो भी हो, उसमें शिखर पर पहुँचने में लगभग सात साल का समय लगता है।

जब मैं यह बात अपने श्रोताओं को बताता हूँ, तो वे अक्सर निराशा भरी प्रतिक्रिया देते हैं, लेकिन तथ्य आख़िर तथ्य हैं। शायद आप औसत से ज़्यादा जल्दी यह काम कर लें, लेकिन इस पर शर्त न लगाएँ। आपको कड़ी मेहनत के सात साल या दस हज़ार घंटे इसलिए लगते हैं, क्योंकि इतना समय आपको अपनी कला में माहिर बनने और अपने काम में सचमुच उत्कृष्ट बनने के लिए आवश्यक होता है।

समय वैसे भी गुज़रने वाला है

कई बार लोग इस तरह की बात कहते हैं, ''एक मिनट ठहरें! मैं इस समय तीस साल का हूँ। आप यह कह रहे हैं कि मैं सैंतीस साल की उम्र में शीर्ष 10 प्रतिशत में पहुँचूँगा और इस क्षेत्र में बड़े पुरस्कारों का आनंद तभी ले पाऊँगा? क्या आपको अहसास है कि मैं सात साल ज़्यादा बड़ा हो जाऊँगा?''

मैं फिर एक सरल प्रश्न पूछता हूँ, ''आप वैसे भी सात साल में कितनी उम्र के होंगे? आज से सात साल बाद आप आज से सात साल ज़्यादा उम्र वाले हो जाएँगे। इकलौता प्रश्न यह है, क्या आप अपने क्षेत्र में शिखर पर होंगे या आप निचले 80 प्रतिशत में होंगे और औसत आजीविका कमा रहे होंगे तथा ज़्यादातर समय पैसे की चिंता कर रहे होंगे?''

यही नियम कारोबारी सफलता पर लागू होता है। एक बड़ी अकाउंटिंग फ़र्म द्वारा 30,000 व्यवसायों के अध्ययन के अनुसार नया व्यवसाय पहले दो सालों में पैसे गँवाता है। अगले दो साल में यह इतने पैसे कमा लेता है कि पहले दो सालों के नुक़सान को चुका सके। चौथे वर्ष के अंत में व्यवसाय शुद्ध मुनाफ़ा कमाने लगता है। सातवें साल में जाकर व्यवसाय उड़ान भरता है और अक्सर एक साल में इतने ज़्यादा पैसे कमा लेता है, जितने इसने पिछले पाँच से सात सालों में कमाए थे। जैसा पीटर ड्रकर

ने कहा था, ''कोई नया व्यवसाय पहले चार वर्षों के भीतर मुनाफ़ा नहीं कमाता।''

ख़ुद को तेज़ मार्ग पर पहुँचाएँ

तो आप कितनी जल्दी और यथासंभव निश्चितता से आरामदेह ऊँचाई तक कैसे पहुँचते हैं? जवाब आसान है : ज्ञान, योग्यता और कड़ी मेहनत।

निरंतर सीखने, अथक व्यक्तिगत और पेशेवर विकास के प्रति समर्पित हो जाएँ। अपने क्षेत्र में हर दिन पढ़ें, अपनी कार में शैक्षणिक सीडी सुनें, नई योग्यताएँ सीखने के लिए सेमिनारों में जाएँ और अतिरिक्त लाइव और ऑनलाइन कोर्स करें। कभी सीखना और अपने ज्ञान को उन्नत करना न छोड़ें।

सतत अभ्यास से इस ज्ञान को दक्षता में बदलें। यह याद रखें कि आप जो ज़्यादातर नई तकनीकें आज़माएँगे, वे पहली बार में कारगर नहीं होंगी। नई दक्षता पर तब तक काम करने को तैयार रहें, जब तक कि आप इसमें माहिर न बन जाएँ, चाहे इसमें कितना भी लंबा समय लगे।

कोई नई योग्यता सीखना वैसा ही है, जैसे घर पर कोई नई डिश तैयार करना। चाहे विशेषज्ञ कुक की बनाई डिश का स्वाद कितना भी अच्छा हो, आपकी पहली कोशिशें उतनी सफल नहीं होंगी, लेकिन जब आप किसी नई रेसिपी का अभ्यास करते हैं, लगातार इसकी सामग्रियों में तालमेल बैठाते हैं और इसे तैयार करने के तरीक़े को बदलते हैं, तो अंतत: डिश का स्वाद बढ़िया होगा। उस बिंदु के बाद आप हर बार उस डिश को बेहतरीन तरीक़े से बना सकते हैं।

यही किसी व्यावसायिक योग्यता के बारे में भी सही है। शुरू में आप फूहड़ और बेढंगे होंगे, लेकिन जब आप उस योग्यता के साथ बार-बार काम करते हैं, तो अंतत: आप उसमें माहिर बन जाएँगे और वह जीवनभर आपके साथ रहेगी। यह सफलता के सबसे महत्त्वपूर्ण सिद्धांतों में से एक है, जिसे आप कभी सीखेंगे।

अध्याय नौ

अपने अतिचेतन मस्तिष्क को सक्रिय करें

चमत्कार इससे ज़्यादा या कम कुछ नहीं है। जो अपनी सच्ची पहचान का ज्ञान हासिल कर लेता है, सर्वव्याप्त बुद्धिमत्ता और शक्ति के साथ अपनी एकरूपता को जान लेता है, उसके सामने सामान्य मस्तिष्क की जानकारी से ज़्यादा ऊँचे नियम उजागर होने लगते हैं।

– राल्फ़ वाल्डो ट्राइन

आज के चौड़े आकार वाले पैसेंजर जेट्स उन सबसे आधुनिक और उन्नत उड्डयन उपकरणों से सुसज्जित हैं, जिनकी कल्पना की जा सकती है। औसत यात्री विमान के हाई टेक कंप्यूटर आज विमान के हर हिस्से और प्रदर्शन पैमाने की निगरानी करने में सक्षम हैं। उड्डयन तंत्र, जिनकी लागत किसी बड़े विमान के लिए मिलियनों डॉलर है, इतने उन्नत हैं कि वे मानव सहायता के बिना विमान को उड़ा सकते हैं और उतार सकते हैं।

ज़ाहिर है, पायलट तीन बुनियादी कारणों से हर विमान में अनिवार्य होते हैं। सबसे पहले तो वे मंज़िल तय करने के लिए आवश्यक होते हैं। फिर वे यह सुनिश्चित करने के लिए जाँचसूची पढ़ते हैं कि विमान में कोई तकनीकी समस्याएँ तो नहीं हैं। उनकी आवश्यकता रनवे तक विमान को ले जाने, उड़ान भरने और ऊँचाई हासिल करने के लिए होती है।

दूसरे, पायलट लगातार यह जाँच करने के लिए अनिवार्य हैं कि विमान में हर चीज़ सही तरीक़े से काम कर रही है। वे व्यक्तिगत रूप से हवा, उथल-पुथल, तूफ़ान और अनिवार्य दिशा सुधार संबंधी निर्णय लेने के लिए होते हैं।

तीसरे पायलट इसलिए अनिवार्य होते हैं, ताकि यह सुनिश्चित हो जाए कि विमान सुरक्षित रूप से अपनी मंज़िल पर उतर जाए।

सौभाग्य से ज़्यादातर मामलों में एक बार जब मंज़िल के विवरणों को पायलट ऑनबोर्ड कंप्यूटर में प्रोग्राम कर देता है और विमान आरामदेह ऊँचाई पर पहुँच जाता है, तो विमान ऑटोपायलट पर चला जाता है और अपनी मंज़िल तक बिना किसी ग़लती के उड़ता जाता है और पूरी फ़्लाइट के दौरान असंख्य दिशा सुधार करता रहता है। पायलट थोड़ा तनावरहित हो सकता है, क्योंकि वह जानता है कि करोड़ों डॉलर की आधुनिक प्रौद्योगिकी विमान को इसकी मंज़िल की ओर नियंत्रित कर रही है और दिशा दे रही है।

आपका अतिचेतन मस्तिष्क : आपकी सबसे बड़ी शक्ति

इसी तरह आपका अतिचेतन मन आपके व्यक्तिगत उन्नत उड्डयन और मार्गदर्शन तंत्र के रूप में काम करता है। इस मन का इस्तेमाल करने के लिए आपको सबसे पहले तो अपनी सटीक मंज़िल या लक्ष्य को तय करना होता है। आप इसे लिख लेते हैं और इस तरह अपने अवचेतन मन में इसकी प्रोग्रामिंग कर देते हैं। जब आपका लक्ष्य आपके अवचेतन मन के सामने स्पष्ट होता है, तो यह उसे आपके अतिचेतन मन तक पहुँचा देता है, जो इस पर हर दिन चौबीसों घंटे काम करता है, जब तक कि लक्ष्य हासिल नहीं हो जाता और आप अपनी मंज़िल पर नहीं पहुँच जाते।

अतिचेतन मन के बारे में ज्ञान पूरे मानव इतिहास में रहा है और बताया गया है। रहस्यवादियों और धर्मगुरुओं ने इसे 'ईश्वरीय मस्तिष्क' कहा है। राल्फ़ वाल्डो इमर्सन ने इसे 'ओवरसोल' कहा है। कार्ल युंग ने इसे 'सामूहिक अचेतन' कहा है। नेपोलियन हिल ने इसे 'असीमित बुद्धि' कहा है। उन्होंने यह निष्कर्ष दिया कि इसे सक्रिय करने की योग्यता अमेरिका के

सबसे ज़्यादा दौलतमंद लोगों की सफलता का बुनियादी कारण था। इसे 'सहज बोध,' 'आंतरिक भाव,' 'सहज ज्ञान' या 'आंतरिक आवाज़' भी कहा जाता है।

इससे कोई फ़र्क़ नहीं पड़ता कि आप धार्मिक हैं या नहीं, आध्यात्मिक हैं या नहीं। आपका अति चेतन मन आपके लिए उपलब्ध सबसे बड़ी शक्ति है और उचित रूप से निर्देशित करने पर यह आपको किसी भी लक्ष्य और मंज़िल तक पहुँचा सकता है, जो आप अपने लिए तय कर सकते हैं, बशर्ते आपका लक्ष्य स्पष्ट हो। यह सफलता के सबसे महत्त्वपूर्ण रहस्यों में से एक है।

आपका अतिचेतन मन आपके प्रबल विचारों के सामंजस्य वाले लोगों, विचारों और संसाधनों को आपके जीवन में आकर्षित करता है। यह हर वह चीज़ आपके पास लाता है, जिसकी ज़रूरत आपको सफल होने के लिए होती है।

आप किसी सुपरकंप्यूटर की तरह किसी भी समय विचारों, समाधानों, मार्गदर्शन और सहायता के लिए अपने अतिचेतन मन का दोहन कर सकते हैं। आप इसका जितना ज़्यादा इस्तेमाल करते हैं और इसमें जितना ज़्यादा विश्वास करते हैं, यह उतना ही ज़्यादा शक्तिशाली बनता है और इसकी क्षमता बढ़ जाती है। जब आप नियमित रूप से अपने अति चेतन मन का दोहन शुरू करते हैं, तो यह आपकी समस्याओं को सुलझाने और आपके लक्ष्यों को हासिल करने के लिए आसानी से और स्वचालित रूप से काम करने लगता है।

इसे स्पष्ट आदेशों की ज़रूरत होती है

आपका अतिचेतन मन सकारात्मक दृढ़ कथनों के रूप में स्पष्ट आदेशों से सक्रिय होता है। ये वर्तमान काल के, सकारात्मक, व्यक्तिगत कथन होते हैं, जो आप अपने चेतन मन से अवचेतन मन तक पहुँचाते हैं। हर बार जब आप कोई सकारात्मक दृढ़ कथन या अपने लक्ष्य का कथन ऐसे कहते हैं, मानो यह पहले ही हासिल हो चुका हो, तो आप अपने अतिचेतन मन को सक्रिय कर देते हैं।

भावनामयी मानसिक तसवीरें, चित्र और कल्पनाएँ भी आपके अतिचेतन मन को सक्रिय करती हैं। आप जो लक्ष्य चाहते हैं, उनके बारे में

आप जितने ज़्यादा स्पष्ट होते हैं और आप इन लक्ष्यों की कल्पना जितनी ज़्यादा भावना के साथ करते हैं, आपका अतिचेतन मन उतनी ही ज़्यादा तेज़ी से उन्हें आपके जीवन में लाएगा।

यह स्वचालित रूप से और लगातार काम करता है

आपका अतिचेतन मन स्वचालित रूप से और लगातार आपके लक्ष्य की राह में आने वाली हर समस्या को सुलझाता है, बशर्ते आपका लक्ष्य स्पष्ट हो। अपने लक्ष्यों को स्पष्टता और विशिष्टता से लिखकर आप दरअसल उनकी प्रोग्रामिंग अपने अतिचेतन मार्गदर्शन तंत्र में कर देते हैं, जहाँ वे सजीव और बहुत शक्तिशाली बन जाते हैं।

चाहे आप जागे हों, सोए हों या दूसरी गतिविधियों में व्यस्त हों, आपका अतिचेतन मन हर दिन चौबीस घंटे काम करता है। एक बार जब आप अपने लक्ष्य का निर्णय कर लेते हैं, तो आप अपना रोज़मर्रा का जीवन जी सकते हैं, जबकि आपका अतिचेतन मन इस पर काम करता रहता है, जिस तरह आप तब करते हैं, जब आप कंप्यूटर में कोई प्रश्न डालकर उसे चालू छोड़ देते हैं।

आपका अतिचेतन मन शांत, आत्मविश्वासी अपेक्षा के नज़रिये के साथ सबसे अच्छी तरह काम करता है। जब आप विश्वासपूर्वक यक़ीन और अपेक्षा करते हैं कि आप सही समय पर सटीकता से सटीक लक्ष्य या जवाब हासिल कर लेंगे, तो आपका अतिचेतन मन जल्दी से और कार्यकुशलता से काम करेगा।

अतिचेतन मन किसी भी लक्ष्य को हासिल करने, किसी भी समस्या को सुलझाने या किसी भी बाधा से उबरने में आपकी मदद करने के लिए हमेशा और तुरंत उपलब्ध रहता है। यह आपकी वित्तीय समस्याओं को सुलझा देगा, आपको अपने जीवनसाथी की ओर ले जाएगा और आपका मार्गदर्शन आपके हृदय की इच्छा की ओर करेगा।

यह आपकी सफलता और ख़ुशी के प्रति समर्पित है

आपका अतिचेतन मन आपका वफ़ादार सेवक है। यह चाहता है कि आप सफल हों और बड़े पैमाने पर सफल हों। यह चाहता है कि आप ख़ुश,

स्वस्थ और समृद्ध बनें। यह चाहता है कि आप अद्भुत और संतुष्टिदायक जीवन का आनंद लें।

लेकिन आपका अतिचेतन मन यह भी जानता है कि जब आप सफलता हासिल कर लेते हैं, तो सफल बने रहने के लिए आपको कुछ सबक़ सीखने की भी ज़रूरत है। यह शक्ति आपको एक बार में एक सबक़ सिखाएगी, क्रम से, जिस तरह एक अच्छा शिक्षक किसी विद्यार्थी को सिखाता है। आपका काम अपने अनुभव में आने वाले हर कष्ट या मुश्किल में इस बात की तलाश करना है कि इसमें कौन सा मूल्यवान सबक़ शामिल है। जब परिस्थितियाँ गड़बड़ होती दिखें, तो हमेशा ख़ुद से पूछें, मैं इस अनुभव से क्या सीख सकता हूँ?

तुरंत कर्म करने के लिए तैयार रहें

आपका अतिचेतन मन आपको सटीकता से वह जवाब दे देगा, जिसकी आपको सही समय पर ज़रूरत होगी, लेकिन यह जवाब 'समय' से बँधा होता है। जब आपको अतिचेतन का जवाब मिलता है, तो आपको इस पर तुरंत काम करना चाहिए।

जब आप किसी समस्या या लक्ष्य पर काम कर रहे हों और आपके मन में किसी को फ़ोन करने, कोई किताब ख़रीदने, किसी व्यक्ति से बात करने या कोई ख़ास काम करने का आवेग उठे, तो तुरंत काम करें। विलंब न करें। अगर आप चौबीस घंटे या कुछ ही मिनट इंतज़ार करते हैं, तो हो सकता है कि बहुत देर हो जाए।

आपका अतिचेतन मन अक्सर आपसे विचार के रूप में बोलता है। इतिहास के कुछ सबसे सफल लोगों ने एक विचार पर काम करके महानता हासिल की है, जो बिजली की तरह उनके मन में कौंधा था।

अपने अतिचेतन मन को सक्रिय करना

आप इरादा करके अपने अतिचेतन मन की शक्तियों को कई तरीक़ों से सक्रिय कर सकते हैं। पहला तरीक़ा सरल है। एक काग़ज़ लें और आप जिस समस्या का सामना कर रहे हैं, उसका हर विवरण लिख लें। कई बार तो

समस्या या स्थिति का हर विवरण लिखने का काम - यह कैसे हुई, इसका क्या प्रभाव हो रहा है, आप क्या कर सकते हैं आदि - आपके अतिचेतन मन को सक्रिय कर देता है और यह आपको आदर्श समाधान दे देता है।

आपके अतिचेतन मन को सक्रिय करने का दूसरा उदाहरण समस्या के बारे में पूरी तरह भूल जाना है। किसी दूसरी चीज़ पर काम करने में इतने व्यस्त हो जाएँ कि आपके पास समस्या के बारे में सोचने के लिए समय ही न रहे, फिर आपके लिए ठीक सही समय पर सही जवाब आपके दिमाग़ में टपक जाएगा, लेकिन याद रखें, जब यह आता है, तो आपको इस पर तुरंत काम करना चाहिए।

पूरे इतिहास में महान लोगों ने साधना या जिसे 'मन को शांत करना' कहा जाता है, उसके ज़रिये अपने अतिचेतन मन का दोहन किया है। जब आप पूरी तरह शिथिल हो जाते हैं और अपने मस्तिष्क को ख़ाली हो जाने देते हैं, तो अक्सर एक अतिचेतन विचार प्रकट हो जाता है।

अतिचेतन मन को सक्रिय करने का मेरा प्रिय तरीक़ा एकांत का अभ्यास है। एकांत के अभ्यास की अवधि से अधिकतम लाभ लेने के लिए इस तरीक़े का इस्तेमाल करें। सबसे पहले तो कम से कम तीस मिनट तक अकेले शांति से बैठने का संकल्प लें। आपके मस्तिष्क को पूरी तरह तनावरहित होने में इतना समय लगता है।

दूसरे, सारे व्यवधानों को दूर हटा दें। कॉफ़ी, चाय, पढ़ने की सामग्री या किसी दूसरी चीज़ को हटा दें, जो आपके ध्यान को भटका सकती है। इसे 'मौन में जाना' कहा जाता है। जब आप शांति से अकेले बैठते हैं और कोई आवाज़ या व्यवधान नहीं होता तथा आप अपने मस्तिष्क को शांत व स्पष्ट रहने देते हैं, तो कोई अद्भुत चीज़ होती है। लेखक अक्सर कहते हैं कि एकांत की अवधि में, उन्हें 'लेखन प्रतिभा ने स्पर्श किया'।

तीसरे, अपनी समस्या या लक्ष्य के बारे में सोचने का कोई प्रयास न करें। अपने मन को पूरी तरह तनावरहित होने दें। किसी चीज़ के बारे में सोचने की कोशिश न करें। बस शांति से बैठें, किसी चीज़ के बारे में न सोचें और अपने मन को अपने जीवन के चारों ओर हौले-हौले भटकने दें। जब आप शांति से बैठते हैं, तो एक ख़ास पल पर एक़दम सही जवाब जिसकी आपको इस समय ज़रूरत है, आपके मन में आ जाएगा।

शांत शास्त्रीय संगीत सुनने से भी आपका अतिचेतन मन सक्रिय होता है। गहरी शिथिल अवस्था अक्सर अतिचेतन गतिविधि को प्रेरित करती है। कई बार रात को सोते समय या सुबह जागते समय अचानक एक अतिचेतन विचार या जवाब आपके मन में आ जाएगा। अपने बिस्तर के सिरहाने एक नोटपैड रख लें और जो भी विचार या अंतर्दृष्टि मिले, उसे तुरंत लिख लें, ताकि आप उसे भूल न पाएँ।

आप शारीरिक गतिविधि से भी अपने अतिचेतन मन को सक्रिय कर सकते हैं, यानी पैदल चलकर, दौड़कर, तैरकर या किसी एरोबिक गतिविधि करके, जो आपकी हृदय गति को बढ़ाती है और आपके मस्तिष्क में एंडोर्फ़िन्स तथा डोपेमीन के प्रवाह को प्रेरित करती है। ये रसायन आपमें ख़ुशी और उल्लास का भाव भरते हैं और अक्सर अतिचेतन प्रेरणाएँ भी साथ में होती हैं। इसीलिए कई लोगों के मन में सर्वश्रेष्ठ विचार व्यायाम के बाद नहाते समय आते हैं।

जब आप अतिचेतन के बारे में सीखते हैं और अपने अतिचेतन मन में विश्वास का अभ्यास करते हैं, तो आपकी संभावना असीमित हो जाएगी। आपका काम इस मन का दोहन करना है और इसका चेतन रूप से, जान-बूझकर और निरंतर इस्तेमाल करना है। यह पूर्ण आस्था रखें कि यह आपके लिए सटीकता से सही समय पर सही तरीक़े से काम करेगा और यह सचमुच करेगा।

अतिचेतन समाधान

यहाँ तीन तरीक़े हैं, जो आपको बता सकते हैं कि आपको अतिचेतन समाधान मिल गया है :

1. अतिचेतन समाधान हर तरीक़े से पूर्ण होगा। यह समस्या या लक्ष्य के हर पहलू के बारे में होगा।
2. अतिचेतन समाधान 'स्पष्टता की चौंधियाने वाली झलक' होगा। यह आसान, स्पष्ट और आपकी योग्यताओं के भीतर होगा, जिसे आप कर सकते हैं। आप हैरान होंगे कि आपने इसके बारे में क्यों नहीं सोचा था।

3. अतिचेतन विचार या जवाब आपके अंतर्ज्ञान से आएगा। फलस्वरूप यह सही महसूस होगा। आप तनावरहित और ख़ुश होंगे। आपका तनाव ग़ायब हो जाएगा। आप इस पर जल्दी से जल्दी अमल करने के लिए उत्सुक होंगे।

महान नियम

अतिचेतन गतिविधि का नियम कहता है, ''कोई विचार, योजना या लक्ष्य अगर चेतन मन में लगातार रखा जाता है, तो यह अतिचेतन मन द्वारा साकार कर दिया जाएगा।''

यह एक महत्त्वपूर्ण परिभाषा है। आपका अतिचेतन मन आपके लिए काम नहीं कर सकता, अगर आपके पास अस्पष्ट या विरोधाभासी लक्ष्य या मंज़िलें हों। इसीलिए बाइबल में कहा गया है, ''दो इरादों वाला मनुष्य सभी तरीक़ों से अस्थिर होता है।''

'एकाग्र नज़र' आपको अपनी सारी मानसिक शक्तियों का ताला खोलने और मुक्त करने में समर्थ बनाती है। एकाग्र करने की आपकी योग्यता अनिवार्य है। जब आप अपने मुख्य निश्चित उद्देश्य का निर्णय ले लेते हैं, यानी वह लक्ष्य, जिसका आपके जीवन पर सबसे ज़्यादा सकारात्मक प्रभाव हो सकता है और आप इसके बारे में लगातार सोचते हैं। यही नहीं, आप इसे अपने चेतन मन में स्पष्टता से थामे रखते हैं, तो आपका अतिचेतन मन आपके लिए काम करने लगता है।

जब आप विश्वास के साथ क़दम रखते हैं, जब आप अपने लक्ष्य की ओर पहला क़दम, दूसरा क़दम और तीसरा क़दम उठाते हैं, तो आपका अतिचेतन मन सक्रिय हो जाता है। सबसे बढ़कर, आपके अतिचेतन मन की यह आवश्यकता होती है कि आप दिशा में निरंतर सुधार करें, आप सारी विपत्ति के बावजूद जुटे रहें और आप आगे बढ़ते रहें, चाहे जो हो जाए।

जब आप इन सारी गतिविधियों को मिला लेते हैं, तो आप सृष्टि की महान शक्तियों का दोहन करते हैं, ताकि वे किसी भी लक्ष्य को हासिल करने में आपकी मदद करें, जिसे आप सचमुच चाहते हैं।

अध्याय दस

शॉर्टकट और दूसरी मृगमरीचिकाओं से बचें

कई लोग अपने उद्देश्य को तब छोड़ देते हैं, जब वे लक्ष्य तक लगभग पहुँच ही चुके होते हैं, जबकि इसके विपरीत कुछ लोग आख़िरी पल पहले से ज़्यादा शक्तिशाली प्रयास करके विजय हासिल कर लेते हैं।

– हेरोडोटस

व्यक्तिगत सफलता का शायद सबसे बड़ा शत्रु न्यूनतम प्रतिरोध के नियम से स्पष्ट होता है। जिस तरह पानी पहाड़ी से नीचे की ओर बहता है, उसी तरह ज़्यादातर लोग अपनी मनचाही चीज़ पाने के सबसे तेज़ और सबसे आसान मार्ग की लगातार तलाश करते हैं और अपने व्यवहार के दीर्घकालीन परिणामों के बारे में ज़्यादा विचार या चिंता नहीं करते। आसान रास्ता चुनने की यह स्वाभाविक प्रवृत्ति वयस्क जीवन में ज़्यादातर कम उपलब्धि और असफलता को स्पष्ट करती है।

यदि आप शारीरिक रूप से फ़िट होना चाहते हैं, तो केवल एक ही तरीक़ा है। आपको हर सप्ताह दो सौ मिनट या इससे ज़्यादा व्यायाम करना चाहिए। पूरी फ़िटनेस के लिए आपको स्ट्रेचिंग व्यायाम करना चाहिए, शक्ति बढ़ाने वाले व्यायाम करने चाहिए और एरोबिक व्यायाम करना चाहिए। आपको अपने ऊपरी और निचले शरीर की कसरत करनी चाहिए। और

जिस तरह आप अपने दाँतों पर ब्रश करते या नहाते हैं, उसी तरह आपको यह जीवनभर करना चाहिए।

अगर आप आम तौर पर अपनी कमाने की योग्यता को क़ायम रखने और बढ़ाने के लिए मानसिक रूप से फ़िट होना चाहते हैं, तो आपको मानसिक कसरत भी करनी होती है। आपको हर दिन अपने क्षेत्र में पढ़ना और अध्ययन करना होता है। आपको अपने उद्योग की वर्तमान जानकारी रखनी पड़ती है। आपको अपनी कार में रेडियो की जगह पर शैक्षणिक सीडी सुननी होती है। आपको टेलीविज़न बंद करना होता है और अपने समय का उपयोग व्यक्तिगत और पेशेवर रूप से ख़ुद को बेहतर बनाने में करना चाहिए। आपको हर दिन न्यूनतम प्रतिरोध के मार्ग के आकर्षण का प्रतिरोध करना होता है।

शून्य के बदले कुछ

इंसानों की एक बहुत शक्तिशाली इच्छा यह होती है कि उन्हें न्यूनतम संभव या शून्य प्रयास के बदले में कुछ हासिल हो जाए। यह देखना दुखद है कि पैसे को जल्दी और आसानी से हासिल करने की आशा या फ़ंतासी में कितने लोग राह से भटक जाते हैं। दुखद रूप से फटाफट अमीर बनो और शून्य के बदले में कुछ पाने के लालच में लोग आसान पैसे की एक योजना से दूसरी योजना पर जाते हैं और अंततः उनकी जेब ख़ाली रह जाती है और उनके जूतों में छेद भी हो जाते हैं।

मैलकम फ़ोर्ब्स ने एक बार लिखा था, *"अगर यह इतना ज़्यादा अच्छा दिखता है कि सच नहीं हो सकता, तो शायद यह नहीं हो सकता।"*

क़ीमत चुकाने के लिए तैयार रहें

कोई भी चीज़ उतनी आसान नहीं होती, जितनी कि शुरुआत में दिखती है। कोई भी सार्थक चीज़ आसान नहीं होती। हर महान उपलब्धि सैकड़ों-हज़ारों छोटे-छोटे प्रयासों का परिणाम होती है, जिसे कोई कभी नहीं देखता या जिसकी क़द्र नहीं करता। हर बड़ी दौलत कई साल की कड़ी मेहनत या अनुभव का परिणाम होती है। साठ, सत्तर और अस्सी घंटे प्रति सप्ताह

की मेहनत, बरसों तक वैकेशन न लेना और असंख्य कष्टों, निराशाओं, अप्रत्याशित उथल-पुथल और विरोधी हवाओं को झेलना।

आप अख़बार में उन लोगों के बारे में पढ़ते हैं, जो कोई हाई टेक कंपनी शुरू करते हैं या गूगल या यूट्यूब जैसा डॉट कॉम शुरू करते हैं और बहुत कम समय में बहुत ज़्यादा दौलतमंद बन जाते हैं, लेकिन अमेरिका में 2.6 करोड़ व्यवसायों में ये लोग 1 प्रतिशत का भी बहुत छोटा हिस्सा हैं। उनके बारे में अख़बारों में इसलिए लिखा जाता है, क्योंकि वे *दुर्लभ* हैं। अधिकांश स्थायी दौलत गंभीर धन से निर्मित होती है, जिसे लंबे समय तक धीरे-धीरे और सावधानीपूर्वक संचित किया जाता है।

उड़ने की चार 'सी' का अभ्यास करें

जब आप कोई छोटा विमान उड़ाना सीखते हैं, तो आपको चार 'सी' का इस्तेमाल करना सिखाया जाता है, उस हालत में जब आप खो जाएँ। ये हैं स्वीकार (confess) करें, ऊपर चढ़ें (climb), पुष्टि करें(confirm) और अनुसरण (comply) करें।

सत्य का सामना करें

पहली बात है स्वीकार करें। जैसे ही आपको अहसास हो कि आप भटक गए हैं और आपको पता नहीं है कि आप दिखने वाले उड़ान नियमों के तहत कहाँ उड़ रहे हैं, तो आपको तुरंत सबसे नज़दीकी टॉवर से संपर्क करना चाहिए और स्वीकार करना चाहिए कि आपके सामने एक समस्या है। कुछ स्थितियों में छोटे विमानों के पायलटों ने यह स्वीकार नहीं किया कि वे खो गए हैं। ख़ुद यह काम करने की कोशिश में वे गोल-गोल घूमते रहे, जब तक कि उनकी गैस ख़त्म नहीं हो गई और वे दुर्घटनाग्रस्त नहीं हो गए।

जब भी आपको अपने व्यवसाय या वित्तीय जीवन में कोई समस्या आए, तो इसे किसी ऐसे व्यक्ति के सामने स्वीकार करने के लिए तैयार रहें, जो आपकी मदद कर सकता है। अगर आपको अपने व्यवसाय में कोई वित्तीय समस्या आती है, तो तुरंत अपने बैंकर को बताएँ कि क्या हो रहा है। आपके बैंकर ने इस तरह की स्थिति सैकड़ों बार देखी है और वह

आपके साथ लचीला रहेगा, लेकिन बैंकरों को आश्चर्य से नफ़रत होती है। वे चाहते हैं कि उन्हें यह बात जल्दी से जल्दी पता चल जाए कि आप पहले से तय भुगतान नहीं कर सकते।

अगर आपका व्यवसाय मुश्किल में है, तो अपने जैसे ही व्यवसाय वाले किसी व्यक्ति को खोजने और उससे सलाह माँगने में अनिच्छुक न बनें। व्यवसाय में ज़्यादातर समस्याएँ असंख्य बार अनुभव की जा चुकी हैं। इनमें से ज़्यादातर समस्याएँ असंख्य बार सुलझाई भी जा चुकी हैं। पहिये का दोबारा आविष्कार न करें। किसी अनुभवी व्यक्ति से सलाह और परामर्श माँगें। अपने अहंकार को रास्ते से दूर रखें।

उचित दृष्टिकोण विकसित करें

दूसरा सूत्र है ऊपर चढ़ें। विमान में इसका मतलब है कि आप ज़्यादा से ज़्यादा ऊँचाई तक चले जाते हैं, ताकि आप ज़्यादा से ज़्यादा परिदृश्य को देख सकें और तब शायद आपको अपनी स्थिति समझ में आ जाए।

आपके व्यक्तिगत और व्यावसायिक जीवन में ऊपर चढ़ने का मतलब है कि आप जो कर रहे हैं, उससे पीछे हटकर खड़े हो जाएँ और अपनी स्थिति और अपनी समस्याओं के बारे में ख़ुद के साथ पूरी तरह ईमानदार रहें। अपने परामर्शदाता की तरह काम करें। निष्पक्ष प्रश्न पूछें, जैसे वे जिन पर हम पहले ही बात कर चुके हैं। शून्य आधारित सोच का अभ्यास करें। भावनात्मक दृष्टि से शामिल होने से इंकार करें, जब चीज़ें अस्थिर हों, जैसी वे हमेशा होंगी।

शांत और आत्मविश्वासी रहने की आपकी योग्यता स्पष्ट मानसिकता और एकाग्र मस्तिष्क के साथ आपको किसी भी समस्या का सामना करने में सक्षम बना देगी।

ईमानदार बनें

तीसरा सूत्र है पुष्टि करें। सबसे नज़दीकी रेडियो टॉवर को बता दें कि आप कौन हैं और आप क्या देख सकते हैं। ऑपरेटर के प्रश्नों का जवाब ईमानदारी, निष्पक्षता और अपनी सर्वश्रेष्ठ योग्यता के अनुरूप दें। कोई चीज़

न छोड़ें। ऑपरेटर के पास जितनी ज़्यादा जानकारी होगी, उतनी ही ज़्यादा संभावना होगी कि वह आपको दोबारा सही दिशा में पहुँचा देगा।

जीवन में जब आप किसी भी कारण दिशा से भटका हुआ पाएँ, सभी शामिल लोगों को तुरंत बता दें। अगर आपके सामने कोई व्यावसायिक समस्या है, तो अपने स्टाफ़ को सटीकता से बता दें कि यह क्या है और आप इसे सुलझाने के लिए क्या कर रहे हैं। अगर आपको डिलीवरी या उत्पादन की समस्या है, तो तुरंत अपने ग्राहकों को बता दें और उन्हें जानकारी दें कि क्या चल रहा है। महत्त्वपूर्ण जानकारी गोपनीय न रखें। ख़ुद तक सीमित न रखें।

जीवन और व्यवसाय में एक बहुत महत्त्वपूर्ण सत्य यह है कि हर व्यक्ति हर चीज़ जानता है। कोई रहस्य नहीं होते हैं। जैसे ही कोई चीज़ होती है, लोग एक से दूसरे तक इसके बारे में बात करते हैं। अफ़वाह अविश्वसनीय गति से फैलती है और सबसे बुरे संभव व्यक्ति तक पहुँच जाती हैं, जो उन्हें सुन सकता है। लोग किसी दूसरे से सुनें, इससे पहले उन्हें ख़ुद बता दें।

जब आप बच्चे थे और इलाक़े में खेल रहे होते थे और आपसे पड़ोसी की खिड़की टूट गई होती थी, तो नियम यह था : ''उन तक सूचना पहुँचने से पहले घर पहुँचो।'' आपको यह पक्का करना पड़ता था कि पड़ोसी से पहले आप अपने माता या पिता को बता दें कि क्या हुआ था। बैंकर की तरह माता-पिता को भी आश्चर्य पसंद नहीं होते।

आपके कामकाज और व्यक्तिगत जीवन में आपको सूचना से पहले पहुँचना चाहिए। 'कोई आश्चर्य नहीं' वाली नीति पर चलें। खुले, ईमानदार और प्रत्यक्ष होने की इस नीति से ईमानदारी और सत्यनिष्ठा की प्रतिष्ठा बनेगी। लोग आप पर विश्वास करेंगे और आपका समर्थन करने के लिए ज़्यादा तैयार रहेंगे, जो वे उस स्थिति में नहीं रहते, अगर उन्हें बुरी ख़बर का अपने आप पता चले। याद रखें, अगर आप चाहते हैं कि लोग आप पर भरोसा करें, तो पहली आवश्यकता यह है कि आपको विश्वसनीय होना चाहिए।

विशेषज्ञों की सलाह लें

आख़िरी सूत्र है अनुसरण करें। अगर आप किसी छोटे विमान में खो गए हैं, तो आप वह करते हैं, जो टॉवर ऑपरेटर आपसे करने को कहता है। आप विशेषज्ञ से बहस नहीं करते हैं, विवाद नहीं करते हैं या अपना दिमाग़ लगाने की कोशिश नहीं करते हैं। आप उसके निर्देशों का अक्षरश: पालन करते हैं। ऑपरेटर का एक ही लक्ष्य होता है – आपको सुरक्षित रूप से दोबारा ज़मीन पर पहुँचाना। आपके व्यवसाय और व्यक्तिगत जीवन में स्थिति काफ़ी समान रहती है। जब आप अपने बैंकरों, वकीलों, अकाउंटेंट्स या व्यावसायिक सलाहकारों से सलाह लेते हैं, तो आपको भी अपनी वर्तमान स्थिति से निपटने के लिए तुरंत उनकी सलाह का पालन करने के लिए तैयार रहना चाहिए। इसका यह मतलब नहीं है कि आपको आँख मूँदकर उनकी सलाह का पालन करना चाहिए, बल्कि इसका यह मतलब है कि आपको तुरंत उनकी सलाह पर अमल करना चाहिए, अगर आपको इसमें समझदारी दिखती है और अगर आपको इससे अपनी समस्या को सुलझाने में मदद मिलेगी।

सफलता की पूरी क़ीमत चुकाने के लिए तैयार रहें। फटाफट अमीर बनने या कुछ नहीं के बदले कुछ पाने के स्वाभाविक प्रलोभन का प्रतिरोध करें। अंतिम विश्लेषण में अपने लक्ष्य हासिल करने का आपके लिए एकमात्र तरीक़ा मूल्यवान योगदान देना है, किसी तरह का मूल्य जोड़ना है। कभी बिना काम किए पुरस्कार पाने की कोशिश न करें या किसी चीज़ को पाने की कोशिश न करें, जिसके आप कड़ी मेहनत के बदले में हक़दार न हों।

अध्याय ग्यारह

अपने डरों पर विजय पाएँ

साहस, डर का प्रतिरोध है,
डर पर विजय है। यह डर की अनुपस्थिति नहीं है।

– मार्क ट्वेन

आप जीवन में जिस सबसे बड़ी चुनौती का संभवत: सामना करेंगे, वह है डर पर विजय और साहस का विकास। डर हमेशा से मानव जाति का सबसे बड़ा शत्रु रहा है।

फ्रैंकलिन डी. रूज़वेल्ट ने कहा था, ''हमें सिर्फ़ डर से ही डरना चाहिए।'' वे दरअसल कह रहे थे कि जिस चीज़ से हम डरते हैं, उसकी वास्तविकता की बजाय डर की भावना ही हमारे लिए चिंता, तनाव और असप्रन्नता का कारण बनती है। जब आप साहस और अटल आत्मविश्वास की आदत डाल लेते हैं, तो आपके सामने संभावनाओं का पूरा नया संसार खुल जाता है। बस कल्पना करें कि अगर आपको पूरे संसार में किसी चीज़ का डर न हो, तो आप क्या सपना देखने या क्या बनने या करने की हिम्मत करेंगे?

साहस की आदत डालें

सौभाग्य से साहस की आदत भी किसी दूसरी आदत की तरह ही दोहराव से सीखी जा सकती है। हमें अपने डरों का लगातार सामना करने और उनसे

उबरने के लिए इस बात की ज़रूरत है कि हम उस तरह का साहस बना लें, जिसकी ज़रूरत हमें जीवन के अवश्यंभावी उतार-चढ़ावों से निपटने के लिए होगी, बिना डरे। डर से उबरने और साहस का विकास करने का शुरुआती बिंदु उन सभी घटकों को देखना है, जो हमें डरने के लिए प्रवृत्त करते हैं।

ज़्यादातर डर का मूल स्रोत बचपन की कंडीशनिंग होता है, जो आम तौर पर *विनाशकारी आलोचना* से संबद्ध होता है। इसकी वजह से दो मुख्य डर उत्पन्न होते हैं। ये हैं असफलता का डर, जिसकी वजह से हम सोचते हैं, ''मैं नहीं कर सकता, मैं नहीं कर सकता, मैं नहीं कर सकता,'' और अस्वीकृति का डर, जिसकी वजह से हम सोचते हैं, ''मुझे करना होगा, मुझे करना होगा, मुझे करना होगा।''

जब ये डर हम पर हावी हो जाते हैं, तो हम अपने पैसे, समय या किसी संबंध में भावनात्मक निवेश की संभावना से चिंतित हो जाते हैं। हम दूसरों की रायों और संभावित आलोचनाओं के प्रति अति संवेदनशील बन जाते हैं, कई बार तो इस बिंदु तक, जहाँ हम कोई भी चीज़ करने से डरने लगते हैं, जिसका कोई अनुमोदन न करे।

हमारे डर हमें पंगु बना सकते हैं। वे हमें अपने सपनों और लक्ष्यों की दिशा में सृजनात्मक कर्म करने से रोक सकते हैं। जब हम डर के शिकंजे में होते हैं, तो हम झिझकते और विलंब करते हैं। हम अनिर्णायिक बन जाते हैं। हम टालमटोल करते हैं। हम बहाने बनाते हैं और पीछे रुकने के कारण खोजते हैं। हम कुंठित महसूस करते है। हम, ''मुझे करना होगा, लेकिन मैं नहीं कर सकता'' और ''मैं नहीं कर सकता, लेकिन मुझे करना होगा'' के दोहरे चक्र में उलझ जाते हैं।

आप जितना ज़्यादा जानते हैं, आप उतना ही कम डरते हैं

डर *अज्ञानता* से उत्पन्न होता है। जब हमारे पास सीमित जानकारी होती है, तो हमारी शंकाएँ हम पर हावी हो जाती हैं। हम अपने कामों के परिणाम को लेकर तनावपूर्ण और असुरक्षित बन जाते हैं। अज्ञानता की वजह से हम

परिवर्तन से डरते हैं, अज्ञात से डरते हैं और किसी नई या अलग चीज़ को आज़माने से बचते हैं।

लेकिन इसका उलटा भी सच है। किसी ख़ास विषय के बारे में ज़्यादा और बेहतर जानकारी इकट्ठा करने से उस क्षेत्र में हमारा साहस और आत्मविश्वास बढ़ जाता है। आप इसे अपने जीवन के उन हिस्सों में देख सकते हैं, जहाँ आपको कोई डर नहीं है, क्योंकि आप जानते हैं कि आप क्या कर रहे हैं। आप हर चीज़ से निपटने में पूरी तरह सक्षम महसूस करते हैं।

दो अन्य घटक जो डर में योगदान देते हैं, वे हैं *बीमारी* और *थकान*। जब आप थके या बीमार होते हैं या जब आपकी शारीरिक स्थिति कमज़ोर होती है, तो आप डर और शंका की ओर ज़्यादा प्रवृत्त होते हैं, जो तब नहीं होता, जब आप स्वस्थ और ऊर्जा से भरपूर महसूस करते हैं।

अपने डरों का विश्लेषण करें

जब आप उन मुख्य घटकों को पहचान लें, जिनकी वजह से आपको डर लगता है, तो अगला क़दम है निष्पक्षता से अपने व्यक्तिगत डरों को परिभाषित करना और उनका विश्लेषण करना।

एक काग़ज़ पर सबसे ऊपर लिखें, ''मुझे किससे डर लगता है?'' याद रखें, सभी बुद्धिमान लोग किसी न किसी चीज़ से डरते हैं। अपनी और अपने प्रियजनों की शारीरिक, भावनात्मक और वित्तीय सुरक्षा के बारे में चिंतित होना सामान्य तथा स्वाभाविक है। साहसी व्यक्ति वह नहीं है, जिसे डर नहीं लगता। जैसा मार्क ट्वेन ने कहा था, ''साहस डर का प्रतिरोध है, डर पर विजय है। यह डर की अनुपस्थिति नहीं है।''

मुद्दा यह नहीं है कि क्या आपको डर लगता है। हम सभी को डर लगता है। इकलौता प्रश्न यह है, आप डर से कैसे निपटते हैं? साहसी व्यक्ति वह होता है, जो डर के बावजूद आगे बढ़ता है। और यहाँ एक महत्त्वपूर्ण बिंदु है : जब आप अपने डरों का सामना करते हैं और अपने डर के कारण या स्रोत की ओर बढ़ते हैं, तो आपके डर कम हो जाते हैं और आपका आत्म-गौरव तथा आत्मविश्वास बढ़ जाता है। जैसा इमर्सन ने लिखा था, ''वह चीज़ करें, जिससे आपको डर लगता है और डर की मृत्यु तय है।''

इसका विपरीत भी सच है। जब आप उस चीज़ से बचते हैं, जिससे आप डरते हैं, तो आपके डर बढ़ जाते हैं और एक वक़्त ऐसा आ जाता है कि वे आपके जीवन को नियंत्रित करने लगते हैं। और जब आपके डर बढ़ते हैं, तो आपका आत्म-गौरव, आत्मविश्वास और आत्मसम्मान उसी अनुपात में घट जाते हैं।

एक सूची बनाएँ

हर छोटे-बड़े डर को लिखकर अपने डरों की सूची बनाएँ, जो भय, चिंता या तनाव उत्पन्न करते हैं। अपने कामकाज या व्यक्तिगत जीवन के हिस्सों के बारे में सोचें, जहाँ आपके डर आपको पीछे रोक रहे हों या आपको ऐसी नौकरी या संबंध में रुकने के लिए विवश कर रहे हों, जिनमें आप ख़ुश नहीं हैं। ज़ाहिर है, असफलता का डर और अस्वीकृति का डर सबसे आम डर होते हैं।

कुछ लोग असफलता के डर से संचालित होकर अपनी ग़लतियों को तर्कसंगत साबित करने या ढकने में ऊर्जा की भारी मात्रा लगा देते हैं। बाक़ी अस्वीकृति के डर से इतने ज़्यादा घिर जाते हैं कि वे यही सोचते रहते हैं कि वे दूसरों के सामने कैसे नज़र आते हैं कि उनमें स्वतंत्र काम करने की ज़रा भी योग्यता नहीं है। जब तक कि उन्हें पूरी तरह पक्का न हो जाए कि कोई अनुमोदन करेगा, तब तक वे निर्णय नहीं ले पाते।

एक बार जब आप अपने डरों की सूची बना लें, जो आपके हिसाब से आपकी सोच और व्यवहार को प्रभावित कर रहे हैं, तो आपको अपने डरों को महत्त्व के क्रम में जमा लेना चाहिए। किस डर का आपके व्यवहार पर सबसे ज़्यादा प्रभाव पड़ता है? कौन सा डर आपको बाक़ी से ज़्यादा पीछे रोककर रखता है? कौन-सा डर दूसरे नंबर पर है? कौन सा डर आपका तीसरा सबसे बड़ा डर है?

अपने डरों की निष्पक्षता से जाँच करें

अपने प्रबल डर के संदर्भ में इन तीन प्रश्नों के जवाब लिखें :

1. यह डर मुझे जीवन में कैसे रोककर रखता है?
2. यह डर मेरी मदद कैसे करता है (या इसने अतीत में मेरी कैसे मदद की है)?
3. इस डर को हटाने के लिए मेरा पुरस्कार क्या होगा?

जब कुछ साल पहले मैंने यह अभ्यास किया, तो मैं इस नतीजे पर पहुँचा कि मेरा सबसे बड़ा डर था *ग़रीबी का* डर। मैं इस बात से डरता था कि मेरे पास पर्याप्त पैसा नहीं होगा, मैं कड़का हो जाऊँगा, शायद निराश्रित भी। मैं जानता था कि यह डर मेरे शुरुआती बचपन में उत्पन्न हुआ था। मेरे माता-पिता मंदी के दौर में बड़े हुए थे और वे पैसे के बारे में लगातार चिंतित रहते थे। यह डर तब पुख़्ता हुआ, जब मैं बीस साल की उम्र के बाद कई बार दिवालियेपन की कगार पर पहुँचा, हालाँकि मैं इस डर के उद्गम का निष्पक्षता से आकलन कर सकता था, लेकिन फिर भी इसका शिकंजा बहुत सख़्त था। जब मेरे पास मेरी सारी आवश्यकताओं के लिए पर्याप्त पैसा था, तब भी यह डर मौजूद था।

मुख्य प्रश्न पूछें

पहला प्रश्न यह था, "यह डर मुझे जीवन में कैसे पीछे रोककर रखता है?" इसका जवाब यह था कि इसकी वजह से मैं पैसे के मामले में जोखिम लेने के बारे में चिंतित रहता हूँ। इसकी वजह से मैं रोज़गार के मामले में सुरक्षित खेलता था। और इसकी वजह से मैं अवसर से ज़्यादा सुरक्षा को पसंद करता था।

दूसरा प्रश्न यह था, "यह डर मेरी मदद कैसे करता है?" मेरा जवाब था कि ग़रीबी के डर से मुक्ति पाने के लिए मैं ज़्यादातर लोगों से ज़्यादा समय तक और ज़्यादा कड़ी मेहनत करता था। मैं ज़्यादा प्रेरित और संकल्पवान था। मैं पैसे बनाने और निवेश करने के विभिन्न तरीक़ों की

जानकारी हासिल करने में औरों से ज़्यादा समय लगाता था। ग़रीबी का डर दरअसल मुझे वित्तीय स्वतंत्रता की ओर संचालित कर रहा था।

तीसरा प्रश्न था, "इस डर को ख़त्म करने के लिए मेरा पुरस्कार क्या होगा?" मैंने तुरंत देखा कि मैं ज़्यादा जोखिम लेने के लिए तैयार रहूँगा। मैं अपने वित्तीय लक्ष्यों का पीछा करने में ज़्यादा आक्रामक बनूँगा। मैं अपना ख़ुद का व्यवसाय शुरू करूँगा। मैं बहुत ज़्यादा ख़र्च करने या बहुत कम पैसे होने के बारे में इतना ज़्यादा तनावग्रस्त और चिंतित नहीं रहूँगा। मैं हर चीज़ के भाव के बारे में उतना चिंतित नहीं रहूँगा।

इस तरह अपने सबसे बड़े डर का निष्पक्षता से विश्लेषण करने पर मैं इसे हटाने की प्रक्रिया शुरू करने में समर्थ था। मैं 'डर को शक्ति में बदल' रहा था (जैसा प्रेरक वक्ता टोनी रॉबिंस कहते हैं)। और आप भी ऐसा ही कर सकते हैं।

साहस के गुण का अभ्यास करें

आप भी साहस विकसित करने और डर को ख़त्म करने की प्रक्रिया शुरू कर सकते हैं। इसके लिए आपको ऐसे काम करने होंगे, जो साहस व आत्मविश्वास की आदतों के सामंजस्य में हों, जिन्हें आप विकसित करना चाहते हैं। जिस भी चीज़ का आप बार-बार अभ्यास करते हैं, अंततः वह एक नई आदत बन जाती है।

सांसारिक सफलता के लिए पहला और शायद सबसे महत्त्वपूर्ण क़िस्म का साहस शुरू करने का साहस है, अपने लक्ष्य की दिशा में विश्वास से क़दम बढ़ाने का साहस। यह किसी नई या भिन्न चीज़ को करने और अपने आरामदेह दायरे से बाहर निकलने का साहस है, जबकि सफलता की कोई गारंटी नहीं होती।

बारह साल से बैबसन कॉलेज में उद्यमिता के प्रोफ़ेसर रॉबर्ट रॉनस्टैड ने अपने एमबीए विद्यार्थियों पर एक फ़ॉलोअप अध्ययन किया। वे यह पता लगाना चाहते थे कि जीवन में बाद में उनका प्रदर्शन कैसा रहा। उन्हें यह जानकर हैरानी हुई कि 10 प्रतिशत से भी कम स्नातकों ने अपने ख़ुद के व्यवसाय शुरू किए थे और सफल रहे थे। बाक़ी सभी दूसरी कंपनियों में

काम कर रहे थे और किसी दिन उद्यमी बनने के सपने देख रहे थे। दोनों समूहों में क्या फ़र्क़ था?

उन्हें केवल एक गुण मिला, जो सफल उद्यमियों में समान था : इंतज़ार करने की बजाय सचमुच अपना ख़ुद का व्यवसाय शुरू करने की इच्छा। रॉनस्टैड ने इसे 'गलियारा सिद्धांत' कहा। उन्होंने पाया कि जब ये व्यक्ति अपने ख़ुद के नए व्यवसाय में आगे बढ़े, मानो किसी गलियारे में आगे गए हों, तो अवसर के द्वार उनके सामने खुल गए, जो उन्हें आगे बढ़े बिना नहीं दिख सकते थे।

यह पता चला कि उनके उद्यमिता प्रोग्राम के जिन स्नातकों ने अपनी सीखी बातों का कुछ नहीं किया था, वे शुरू करने से पहले परिस्थितियों के बिलकुल सही होने का इंतज़ार कर रहे थे। वे ख़ुद को अनिश्चितता के गलियारे में नहीं ले जाना चाहते थे, जब तक कि उन्हें किसी तरह यह विश्वास न हो जाए कि वे सफल होंगे। एक ऐसी, चीज़ जो कभी नहीं हुई।

भविष्य जोखिम लेने वालों का है

भविष्य सुरक्षा खोजने वालों का नहीं, बल्कि जोखिम लेने वालों का है। जीवन इस मामले में विचित्र है कि आप सुरक्षा को जितना ज़्यादा चाहते हैं, आपको यह उतनी ही कम मिलेगी, लेकिन आप अवसर को जितना ज़्यादा खोजते हैं, उतनी ही ज़्यादा संभावना रहती है कि आप वह सुरक्षा हासिल कर लेंगे, जो आप चाहते हैं।

जब भी आप डर या चिंता महसूस करें और आपको अपना साहस बढ़ाने की ज़रूरत हो, तो अपने लक्ष्यों को याद कर लें। अपने लक्ष्यों के साकार होने के मानसिक चित्र देखें। कल्पना करें कि आप पहले ही वह व्यक्ति बन चुके हैं, जो आप बनना चाहते हैं और उस जीवन का आनंद ले रहे हैं, जो आप जीना चाहते हैं।

आपका चेतन मन एक समय में केवल एक ही विचार रख सकता है, यानी इच्छा का विचार या डर का विचार। जब आप लगातार अपने लक्ष्यों के बारे में सोचने तथा बात करने के लिए ख़ुद को अनुशासित करते हैं, तो आप अपने डरों को न्यूनतम कर देते हैं और रद्द कर देते हैं। जब आप

इस बात पर ध्यान केंद्रित करते हैं कि आप अपने लक्ष्य कैसे हासिल कर सकते हैं, तो आपका आत्मविश्वास और साहस बढ़ जाएगा। आप अपनी भावनाओं और भविष्य पर पूरा नियंत्रण पा लेंगे।

एकाग्रता का नियम कहता है, ''आप जिस पर ध्यान केंद्रित करते हैं, वह आपके जीवन में बढ़ता है।'' आप अपने लक्ष्यों पर जितना ज़्यादा ध्यान केंद्रित करते हैं, आप उतने ही ज़्यादा लक्ष्य हासिल करेंगे।

साहस का विकास

डर पर महारत और साहस का विकास सुखद और सफल जीवन की अनिवार्य शर्त हैं। जब आप साहस की आदत विकसित करने के लिए ख़ुद को समर्पित करते हैं, तो आप अंततः ऐसे बिंदु पर पहुँच जाएँगे, जहाँ आपके डरों का आपके ऊपर कोई नियंत्रण नहीं रह जाएगा, फिर वे आपके निर्णय लेने में कोई मुख्य भूमिका नहीं निभाएँगे।

आप बड़े, चुनौतीपूर्ण और रोमांचक लक्ष्य तय करेंगे और आपको यह जानने का आत्मविश्वास होगा कि आप उन्हें हासिल कर सकते हैं। आप शांति और आत्मविश्वास के साथ हर स्थिति का सामना करने में समर्थ होंगे। आपको कोई रोक नहीं पाएगा।

अध्याय बारह

जुटे रहें, जब तक कि सफल न हो जाएँ

सर्वश्रेष्ठ लोगों में शामिल होने की लगन रखें। अगर आप अपने चुने हुए क्षेत्र में 'सर्वश्रेष्ठ' में से एक बन जाते हैं, चाहे वह क्षेत्र कोई भी हो, तो पर्याप्त पैसा अपने आप आएगा।

– डॉन जी. मिचेल

आत्म-अनुशासन सफलता का सबसे महत्त्वपूर्ण अकेला गुण है। आत्म-अनुशासन अपने भीतर चरित्र की शक्ति और इच्छाशक्ति पर आधारित योग्यता है, यानी वह करने की योग्यता, जो आपको करना चाहिए, जब आपको इसे करना चाहिए, चाहे आपका इसे करने का मन हो या न हो।

संकल्प लेते वक़्त जो उत्साह रहता है, जब वह चला जाता है, तो उसके बाद उस संकल्प पर काम करने की योग्यता को चरित्र कहा जाता है। महत्त्वपूर्ण यह नहीं है कि आप क्या सीखते हैं, बल्कि महत्त्वपूर्ण यह है कि आप अपने लक्ष्य तक पहुँचने तक बार-बार क़ीमत चुकाने के लिए ख़ुद को समर्पित और अनुशासित कर पाते हैं या नहीं। आत्म-अनुशासन की आवश्यकता आपकी यात्रा की हर अवस्था में होती है।

आपको सबसे पहले तो अपने लक्ष्य तय करने में आत्म-अनुशासन की ज़रूरत होती है। आपको लक्ष्य हासिल करने की योजना बनाने के

लिए आत्म-अनुशासन की ज़रूरत होती है। आपको नई जानकारी के साथ अपनी योजनाओं को बदलने और नवीनीकरण के लिए आत्म-अनुशासन की ज़रूरत पड़ती है। आप हर दिन योजना बनाने, अपने समय के उपयोग की प्राथमिकताएँ तय करने और अपने सबसे महत्त्वपूर्ण काम पर ध्यान केंद्रित करने के लिए अनुशासन की ज़रूरत होती है।

आपको हर दिन स्वयं में निवेश करने के लिए, ख़ुद को पेशेवर तथा व्यक्तिगत रूप से विकसित करने और आवश्यक चीज़ें सीखने के लिए आत्म-अनुशासन की ज़रूरत होती है, ताकि आप वे लक्ष्य हासिल कर सकें, जो आपके लिए संभव हैं। आपको संतुष्टि में विलंब करने, अपने धन को बचाने व निवेश करने के लिए आत्म-अनुशासन की ज़रूरत होती है, ताकि आप अपने कामकाजी जीवनकाल में ही वित्तीय स्वतंत्रता हासिल कर सकें। आपको अपने लक्ष्यों और सपनों पर अपने विचार केंद्रित रखने के लिए आत्म-अनुशासन की ज़रूरत होती है। आपको अपने विचारों को अपनी शंकाओं और डरों से दूर रखने के लिए आत्म-अनुशासन की ज़रूरत होती है। आपको असफलताओं और समस्याओं के सामने नाराज़ या निराश होने के बजाय सकारात्मक व सृजनात्मक तरीक़े से प्रतिक्रिया करने के लिए आत्म-अनुशासन की ज़रूरत होती है।

लगन सक्रिय आत्म-अनुशासन है

शायद आत्म-अनुशासन का सबसे बड़ा प्रदर्शन तब लगन से जुटे रहना है, जब यात्रा मुश्किल हो जाती है। लगन सक्रिय आत्म-अनुशासन है। लगन व्यक्तिगत मानव चरित्र का महान पैमाना है। आपकी लगन दरअसल स्वयं में और सफल होने की आपकी योग्यता में आपके विश्वास का सच्चा पैमाना है।

जब आप विपत्ति और निराशा के सामने लगन से जुटे रहते हैं, तो आप हर बार लगन की आदत का निर्माण करते हैं। आप अपने चरित्र और व्यक्तित्व में गर्व, शक्ति और आत्म-गौरव का निर्माण करते हैं। आप ज़्यादा शक्तिशाली और ज़्यादा संकल्पवान बनते हैं। लगन से जुटे रहकर आप ज़्यादा आत्म-अनुशासित बनते हैं। आप अपने भीतर सफलता का लौह गुण विकसित करते हैं, वह गुण जो आपको आगे ले जाएगा

और किसी भी बाधा के पार ले जाएगा, जो जीवन आपकी राह में फेंक सकता है।

पूरे इतिहास में स्त्री-पुरुषों की महान उपलब्धियाँ लगन की विजय की कहानियाँ हैं। सभी महान स्त्री-पुरुषों को सफलता व उपलब्धि की ऊँचाइयों पर पहुँचने से पहले मुश्किलों और विपत्तियों को ज़बरदस्त रूप से झेलना पड़ा था। चरित्र की शक्ति उनके अटल संकल्प में प्रकट हुई, जिसने उन्हें महान बनाया।

लगन सफलता की कसौटी है

सफल व्यवसायी और उद्यमी प्रबल इच्छाशक्ति और अटल लगन से भरे नज़र आते हैं। जो भी किसी भी क्षेत्र में भारी सफल होता है, उसे ज़बरदस्त विपत्ति से उबरना पड़ता है, अक्सर कई वर्षों तक, जिसके बाद वह आख़िरकार जीतने में कामयाब होता है।

1890 में अमेरिका भयंकर मंदी की चपेट में था। पूरे अमेरिका में व्यवसाय डूब रहे थे और हज़ारों लोगों की छँटनी हो रही थी। इस मंदी में मिडवेस्ट में रहने वाले एक व्यवसायी ने अपना होटल गँवा दिया। उसके पास बहुत कम पैसा बचा था और बहुत सा समय था। उसने बाक़ी लोगों को प्रेरित और प्रोत्साहित करने के लिए किताब लिखने का निर्णय लिया, ताकि वे देश के सामने आई मुश्किलों के बावजूद लगन से जुटे रहें।

उस आदमी का नाम ओरिसन स्वेट मार्डन था। उन्होंने एक अस्तबल के ऊपर एक कमरा लिया और पूरे एक साल तक दिन-रात हाथ से एक किताब लिखी, जिसका शीर्षक उन्होंने *पुशिंग टू द फ़्रंट* रखा। इस किताब में ऐसे असंख्य स्त्री-पुरुषों की कहानियाँ बताई गई थीं, जो लगन से जुटे रहे, जब तक कि वे अंततः सफल नहीं हो गए।

आख़िरकार किताब पूरी हो गई। शाम को उन्होंने आख़िरी पन्ना पूरा किया और थकान व भूख के कारण वे डिनर लेने के लिए एक छोटे कैफ़े में गए। जब वे खा रहे थे, तो अस्तबल में आग लग गई। जब तक वे लौटे, उनकी पूरी पांडुलिपि, जो 5,500 से ज़्यादा पृष्ठों की थी, आग की लपटों में खाक हो गई थी।

कभी हार न मानें

शुरू में तो वे निराशा और हताशा की भावनाओं से घिर गए, लेकिन फिर उन्हें अहसास हुआ कि उनकी पूरी किताब विपत्ति के सामने लगन से जुटे रहने के महत्त्व के बारे में थी। अपने आंतरिक संसाधनों के सहारे वे दोबारा काम में जुटे और शुरू से किताब को दोबारा लिखने में एक और साल लगाया। उन्होंने हार मानने से इंकार कर दिया।

जब किताब पूरी हो गई, तो उन्होंने इसे कई प्रकाशकों के पास भेजा, लेकिन मंदी के बीच में, जो तब अपने तीसरे वर्ष में थी, प्रेरक किताब को प्रकाशित करने में किसी ने भी दिलचस्पी नहीं ली। उन्होंने शांति से अस्वीकृति को स्वीकार किया और तब तक इंतज़ार करने का निर्णय लिया, जब तक कि समय बेहतर न हो जाए। वे शिकागो जाकर रहने लगे और उन्होंने एक नौकरी कर ली।

एक दिन उन्होंने एक मित्र के सामने अपनी किताब का ज़िक्र किया, जो एक प्रकाशक को जानता था। प्रकाशक ने पांडुलिपि को पढ़ा और बहुत रोमांचित हो गया। उसे महसूस हुआ कि यह किताब सटीकता से वैसी ही थी, जो लोगों को मंदी के बीच में या किसी दूसरे समय पढ़नी चाहिए। *पुशिंग टू द फ्रंट* अंततः प्रकाशित हुई और यह ज़बरदस्त बेस्टसेलर बन गई। यह हज़ारों लोगों के लिए प्रेरणा और प्रोत्साहन का स्रोत बन गई।

कई शीर्ष व्यवसायियों और राजनेताओं ने कहा कि *पुशिंग टू द फ्रंट* वह किताब थी, जो अमेरिका को बीसवीं सदी में लाई। इसका देशभर में निर्णय लेने वालों के मनोमस्तिष्क पर ज़बरदस्त प्रभाव पड़ा। यह उस वक़्त व्यक्तिगत विकास की श्रेणी वाली किताबों के इतिहास में सबसे महान किताब बन गई। इसे हेनरी फ़ोर्ड, थॉमस एडिसन, हार्वे फ़ायरस्टोन और जेपी मॉर्गन जैसे लोगों ने पढ़ा और आत्मसात किया।

चल दें और चलते रहें

ओरिसन स्वेट मार्डन ने अपनी किताब में लिखा था, ''सफलता के लिए दो अनिवार्य आवश्यकताएँ हैं। पहली है पूरा प्रयास करें और दूसरी है इससे चिपके रहें।'' उन्होंने लगन के गुण का ज़िक्र करते हुए लिखा, ''उस इंसान

के लिए कोई असफलता नहीं है, जिसे अपनी शक्ति का अहसास होता है, जिसे कभी पता नहीं होता कि वह कब हार गया है; संकल्पवान प्रयास, अजेय इच्छाशक्ति के लिए कोई असफलता नहीं होती। उस व्यक्ति के लिए कोई असफलता नहीं है, जो हर बार गिरने पर उठ खड़ा होता है, जो रबड़ की गेंद की तरह ज़मीन को छूते ही उछल जाता है, जो तब भी जुटा रहता है, जब बाक़ी हर व्यक्ति हार मान नेता है, जो तब भी कोशिश करता है, जब हर व्यक्ति अपनी पीठ घुमा लेता है।''

लगन आपकी सबसे बड़ी संपत्ति है

शायद आपकी सबसे बड़ी संपत्ति किसी काम में बाक़ी हर व्यक्ति से ज़्यादा समय तक डटे रहने की योग्यता है। बी.सी. फ़ोर्ब्स ने *फ़ोर्ब्स* मैग्ज़ीन की स्थापना की और मंदी के स्याह दिनों में इसे एक बड़े प्रकाशन में बदल दिया। उन्होंने लिखा था, ''इतिहास ने दर्शाया है कि सबसे उल्लेखनीय विजेताओं ने आम तौर पर विजय से पहले दिल तोड़ने वाली बाधाओं का सामना किया। वे इसलिए जीते, क्योंकि उन्होंने अपनी पराजयों से हताश होने से इंकार किया।''

जॉन डी. रॉकेफ़ेलर एक वक़्त संसार के सबसे अमीर स्व-निर्मित इंसान थे। उन्होंने लिखा था, ''मैं नहीं सोचता कि कोई दूसरा गुण किसी भी तरह की सफलता के लिए इतना अनिवार्य है, जितनी कि लगन। यह लगभग हर चीज़ से उबर जाती है, प्रकृति से भी।''

कॉनरैड हिल्टन ने एक सपने के साथ लुबॉक, टैक्सस में एक छोटे होटल से शुरुआत की थी और बाद में संसार में सबसे सफल होटल कॉरपोरेशन्स में से एक स्थापित कर दिया। उन्होंने कहा था, ''सफलता कर्म से जुड़ी नज़र आती है। सफल लोग चलते रहते हैं। वे ग़लतियाँ करते हैं, लेकिन वे कभी प्रयास नहीं छोड़ते।''

निराशा अवश्यंभावी है

बुद्धिमान लोग अपने सर्वश्रेष्ठ हित में काम करते हुए उन समस्याओं और मुश्किलों की संख्या को न्यूनतम करने के लिए हरसंभव चीज़ करते हैं,

जिसका सामना वे अपनी रोज़मर्रा की गतिविधियों में कर सकते हैं, लेकिन हमारे सर्वश्रेष्ठ प्रयासों के बावजूद निराशाएँ और विपत्तियाँ सामान्य और स्वाभाविक हैं, जीवन का ऐसा हिस्सा हैं, जिनसे बचा नहीं जा सकता। यह कहा गया है कि मृत्यु और कर एकमात्र अनिवार्य चीज़ें हैं, लेकिन अनुभव साबित करता है कि निराशा भी अवश्यंभावी है।

चाहे आप कितनी भी अच्छी तरह स्वयं को और अपनी गतिविधियों को व्यवस्थित कर लें, आप अपने जीवनकाल में असंख्य निराशाओं, विपत्तियों और बाधाओं का अनुभव करेंगे। और आप अपने लिए जितने ज़्यादा ऊँचे और चुनौतीपूर्ण लक्ष्य तय करते हैं, आपको उतनी ही ज़्यादा निराशाओं और मुश्किलों का अनुभव होगा।

विरोधाभास यह है : आप विपत्ति का सामना करने, इसके साथ प्रभावी ढंग से निपटने और इससे सीखे बिना अपना विकास नहीं कर सकते और अपनी पूरी क्षमता तक नहीं पहुँच सकते। जीवन के ज़्यादातर महान सबक़ आपको विपत्तियों और अस्थायी पराजयों के कारण मिलेंगे, जिनसे बचने की आपने पूरी कोशिश की थी। इस तरह विपत्ति बिन बुलाए, अनपेक्षित रूप से और अवांछित रूप से आती है, आपके सर्वश्रेष्ठ प्रयासों के बावजूद। और विपत्ति के बिना आप उस तरह के व्यक्ति नहीं बन सकते, जो उन महान लक्ष्यों को हासिल करने में सक्षम है, जो आपके लिए संभव हैं।

विपत्ति हमारी परीक्षा लेती है

पूरे इतिहास में महान विचारकों ने इस विरोधाभास पर मनन किया है और वे इस नतीजे पर पहुँचे हैं कि विपत्ति वह परीक्षा है, जिसे आपको किसी सार्थक चीज़ को हासिल करने की राह पर उत्तीर्ण करना होगा। यूनानी दार्शनिक हेरोडोटस ने कहा था, ''विपत्ति में किसी मनुष्य की शक्ति और गुणों को बाहर निकालने का गुण होता है, जो उसके बिना सुषुप्त अवस्था में ही रहते।'' शक्ति, साहस, चरित्र और लगन जैसे आपके सर्वश्रेष्ठ गुण आपमें तभी प्रकट होते हैं, जब आप अपनी सबसे बड़ी चुनौतियों का सामना करते हैं और जब आप उन पर सकारात्मक व सृजनात्मक तरीक़े से प्रतिक्रिया करते हैं।

हर व्यक्ति रास्ते के हर क़दम पर मुश्किलों का सामना करता है। उच्च उपलब्धि और कम उपलब्धि वाले लोगों के बीच फ़र्क़ सिर्फ़ यह है कि उच्च सफलता वाले लोग विपत्ति का इस्तेमाल ज़्यादा शक्तिशाली बनने के लिए करते हैं, जबकि कम उपलब्धि वाले लोग मुश्किलों और विपत्ति से बौखला जाते हैं और हताश व निराश हो जाते हैं।

सफलता असफलता के एक क़दम आगे हमेशा रहती है

आपकी सबसे बड़ी सफलता हमेशा आपकी सबसे बड़ी असफलताओं के एक क़दम आगे मिलती है, जब आपके भीतर की हर चीज़ आपसे कोशिश छोड़ने को कहती है। पूरे इतिहास में लोग यह पाकर हैरान हुए हैं कि उनके महान काम तब हुए, जब वे निराशा और सारे विपरीत प्रमाण के बावजूद जुटे रहे। लगन का यह अंतिम इम्तिहान, जिसे अक्सर 'लगन की परीक्षा' कहा जाता है, सभी तरह की महान उपलब्धियों से पहले आता है।

एच. रॉस पेरट ने 1,000 डॉलर से ईडीपी इंडस्ट्रीज़ शुरू की और इसे लगभग 3 अरब डॉलर का बना लिया। वे अमेरिका के इतिहास में सबसे सफल स्वनिर्मित उद्यमियों में से एक हैं। उन्होंने कहा था, ''ज़्यादातर लोग तभी छोड़ देते हैं, जब वे सफलता हासिल करने वाले होते हैं। वे एक गज़ की लाइन पर छोड़ देते हैं। वे खेल के आख़िरी मिनट पर छोड़ देते हैं, जीतने की रेखा से एक क़दम दूर छोड़ देते हैं।''

हर चीज़ के बावजूद अटल रहने और डटे रहने की शक्ति विजेता का गुण होती है। लगन हार माने बिना बार-बार पराजय का सामना करने की योग्यता है, यानी भारी मुश्किलों के बावजूद जुटे रहना। एक अज्ञात लेखक की एक कविता है, जो मेरे विचार से हर व्यक्ति को पढ़नी चाहिए और याद कर लेना चाहिए और जब भी मैदान या कोशिश छोड़ने का प्रलोभन आए, तो इसे दोहराना चाहिए। इस कविता का शीर्षक है, 'कभी मत छोड़ो'।'

कभी मत छोड़ो

जब चीज़ें गड़बड़ हों, जैसी वे कई बार होंगी,
जब आप जिस राह पर चल रहे हैं,
वहाँ चढ़ाई हो,
जब पैसे कम हों और क़र्ज़ भारी हो
और आप मुस्कराना चाहते हों, लेकिन आपकी
आह निकलती हो,
जब चिंता आपको थोड़ा नीचे दबा रही हो,
आराम करो, अगर ज़रूरत हो,
लेकिन कभी मत छोड़ो।
जीवन अजीब है, इसमें घुमाव और मोड़ हैं
जैसा हर व्यक्ति कई बार सीखता है
और कई असफलताएँ आती हैं
जब वह जीत सकता था, अगर वह डटा रहता:
कभी हार मत मानो, हालाँकि गति धीमी है -
आप एक और प्रहार से सफल हो सकते हैं।
सफलता असफलता का ही दूसरा नाम है -
शंका के बादलों की सफ़ेद किनारी।
और आप कभी नहीं जानते कि
आप कितने क़रीब हैं।
जब यह दूर नज़र आता है, तो यह पास हो
सकता है : इसलिए लड़ते रहें,
जब आपको सबसे ज़्यादा चोट पहुँचे -
जब चीज़ें सबसे बुरी दिखें, तो आपको
कभी कोशिश नहीं छोड़नी चाहिए।

निष्कर्ष

सफलता कोई संयोग नहीं है

इंतज़ार न करें। समय कभी पूरी तरह सही नहीं होगा। जहाँ आप खड़े हैं, वहीं शुरू कर दें : आपके पास जो भी औज़ार हों, उनसे काम शुरू कर दें और आपको आगे जाकर बेहतर औज़ार मिल जाएँगे, जब आप आगे पहुँचेंगे।

– नेपोलियन हिल

एक्लेजियास्ट्स की किताब कहती है, ''बुद्धिमत्ता मुख्य चीज़ है; इसलिए बुद्धिमत्ता हासिल करें और इसके साथ ही समझ भी।'' युगों-युगों से बुद्धिमत्ता हासिल करने को सर्वोच्च मानव आह्वान माना जाता है। जिन लोगों की हम सबसे ज़्यादा प्रशंसा करते हैं, वे वही हैं, जिन्होंने अपने जीवन में बुद्धि के ऊँचे स्तर हासिल किए थे।

अपने दैनिक जीवन में हम उन लोगों को खोजते हैं, जिनके पास अनुभव से आई बुद्धि है, ताकि वे हमें मुश्किलों से बचने का मार्गदर्शन व सलाह दें और हमारे लक्ष्यों को ज़्यादा तेज़ी से हासिल करने का भी।

अरस्तू ने लिखा था, ''बुद्धिमत्ता अनुभव और मनन बराबर मात्रा में है।'' ख़ुद के लिए बुद्धि हासिल करने के लिए आपको पहले तो अनुभव लेने होंगे और फिर आपको उन पर मनन करना होगा। आपको हर अनुभव में से हर विचार, अंतर्दृष्टि और ज्ञान का मोती बाहर निकालना होगा, जो इसमें शामिल है।

आप जो व्यक्ति बनते हैं

ज़्यादातर लोगों का सपना, इच्छा और लक्ष्य बहुत सारा पैसा बनाना और वित्तीय दृष्टि से स्वतंत्र बनना है। लगभग हर व्यक्ति किसी दिन मिलियनेअर बनने के सपने देखता है। और यह लक्ष्य पूरी तरह हासिल हो सकता है, बशर्ते आप इसे पर्याप्त लंबे समय तक चाहें और प्रबलता से चाहें और आप इसे हासिल करने के लिए आवश्यक काम करने को इच्छुक हों।

लेकिन मिलियनेअर बनने का सबसे महत्त्वपूर्ण हिस्सा, किसी महत्त्वपूर्ण मंज़िल या किसी लक्ष्य तक पहुँचने का सबसे महत्त्वपूर्ण हिस्सा लक्ष्य नहीं है। यह तो वह व्यक्ति है, जो आपको उस लक्ष्य को हासिल करने के लिए बनना पड़ता है।

किसी ऐसी चीज़ को हासिल करने के लिए, जो आपने कभी हासिल नहीं की है, आपको ऐसा व्यक्ति बनना होता है, जो आप पहले कभी नहीं बने हैं। आपको ऐसे गुण और विशेषताएँ विकसित करनी होंगी, जो आपमें पहले कभी नहीं रही हैं। आपको ऐसी योग्यताएँ और दक्षताएँ सीखनी होंगी, जो आपने पहले कभी नहीं सीखी हैं। महान सफलता हासिल करने के लिए आपको महान व्यक्ति बनना होगा। सचमुच सफल बनने के लिए, आप इसे चाहे जैसे परिभाषित करते हों, आपको अपने हृदय और मनोमस्तिष्क में सफल व्यक्ति बनना होगा।

चरित्र ही सब कुछ है

जब हम उन लोगों को देखते हैं या उनसे बात करते हैं, जिनकी हम प्रशंसा करते हैं या जब हम उनके बारे में सुनते या सोचते हैं, तो हम शायद ही कभी भौतिक उपलब्धियों के संदर्भ में सोचते हैं। इसके बजाय जो स्त्री-पुरुष हमारी सोच में अलग हटकर खड़े होते हैं, वे ऐसे होते हैं, जो अपने अनुभवों के कारण, उनकी हासिल की हुई चीज़ों के कारण और उनके द्वारा विकसित किए गए चरित्र के कारण असाधारण होते हैं।

जीवन में आपका महान लक्ष्य अपनी पूरी क्षमता तक पहुँचना और वह हर चीज़ बनना है, जो बनने में आप सक्षम हैं। आपका लक्ष्य एक असाधारण इंसान बनना है, जिसमें चरित्र, सक्षमता और बुद्धिमत्ता हो। अपने

प्रति आपकी जिम्मेदारी अपने जीवन में कुछ अद्भुत करना और संसार में सच्चा फ़र्क़ डालना है। यह सफलता का सच्चा रहस्य है।

किसी क्षेत्र में सच्ची सफलता आम तौर पर सैकड़ों या हज़ारों छोटी-बड़ी चीज़ों का परिणाम होती है, जो आप करते हैं या करने में असफल रहते हैं। कोई *"सफलता की कुंजी" या "रहस्य" नहीं होता। जैसा लेखक ऑग मैन्डिनो ने एक बार मुझे बताया था, "सफलता का महान रहस्य यह है कि कोई रहस्य नहीं है। केवल सर्वव्यापी विचार और सिद्धांत हैं, जिन्हें बार-बार खोजा गया है और दोबारा खोजा गया है।"*

तीन सबसे महत्त्वपूर्ण क़दम, जिन्हें लगभग हर सफल व्यक्ति ने खोजा और दोबारा खोजा है, ये हैं :

1. सटीकता से निर्णय लें कि आप क्या चाहते हैं, इसे लिख लें और इसे हासिल करने की योजना बनाएँ। अपनी मंज़िल का निर्णय लें।
2. कर्म करें। अपने लक्ष्य की ओर बढ़ना शुरू करें। विश्वास के साथ क़दम रखें। सफलता की किसी गारंटी के बिना पहला क़दम उठा लें। अपनी यात्रा शुरू कर दें।
3. जब आप अपनी मंज़िल की ओर उड़ते हैं, तो अपने जीवन के हर दिन और हर घंटे लगातार दिशा में सुधार करने के लिए तैयार रहें। अपने जीवन के हर सप्ताह और हर दिन समस्याओं, मुश्किलों, विपरीत हवाओं, विपत्तियों और संकटों की अवश्यंभावी, अप्रत्याशित और अटूट श्रृँखला की उम्मीद करें। चूँकि आप उनसे बच नहीं सकते, इसलिए आपका लक्ष्य उन पर प्रभावी प्रतिक्रिया करना होना चाहिए।

इसी समय यह निर्णय लें कि आप अपना लक्ष्य तय करेंगे, पहला क़दम उठाएँगे और दिशा में लगातार सुधार करते रहेंगे, जब तक कि आप वह सब हासिल नहीं कर लेते, जो आपके लिए संभव है।

लेखक के बारे में

ब्रायन ट्रेसी अमेरिका के शीर्ष बिज़नेस वक्ता, बेस्टसेलिंग लेखक और संसार में व्यक्तिगत तथा पेशेवर विकास पर अग्रणी परामर्शदाता व प्रशिक्षक हैं। वे हर साल 2.5 लाख लोगों को व्यक्तिगत सफलता और नेतृत्व से प्रबंधकीय प्रभावकारिता, सृजनात्मकता और बिक्री जैसे विषयों पर संबोधित करते हैं। उन्होंने तीस से ज़्यादा पुस्तकें लिखी हैं और तीन सौ से ज़्यादा ऑडियो व वीडियो प्रोग्राम बनाए हैं। ब्रायन के ज़्यादातर काम का दूसरी भाषाओं में अनुवाद हुआ है और इसका इस्तेमाल 52 देशों में होता है। वे कैंपबेल फ्रेज़र के साथ एडवांस्ड कोचिंग एंड मेंटरिंग प्रोग्राम तथा द कोचिंग एक्सीलेंस प्रोग्राम के सह-लेखक हैं।

ब्रायन ने एक हज़ार से ज़्यादा कंपनियों को परामर्श दिया है - जिनमें आईबीएम, मैकडॉनेल डगलस और द मिलियन डॉलर राउंड टेबल शामिल हैं - और व्यक्तिगत रूप से 20 लाख से अधिक लोगों को प्रशिक्षित किया है। उनके विचार आज़माये हुए, व्यावहारिक और तीव्र परिणाम देने वाले हैं। उनके पाठक, सेमिनार प्रतिभागी और कोचिंग ग्राहक तकनीकों व रणनीतियों की श्रृँखला सीखते हैं, जिनका इस्तेमाल करके वे तुरंत अपने जीवन और करियर में बेहतर परिणाम हासिल कर सकते हैं।

अनुवादक के बारे में

डॉ. सुधीर दीक्षित ने 225 से अधिक विभिन्न प्रकार की पुस्तकों का अनुवाद किया है, जिनमें *हैरी पॉटर सीरीज़, द सीक्रेट, रिच डैड पुअर डैड, 7 हैबिट्स ऑफ़ हाइली इफ़ेक्टिव पीपल, हाउ टु विन फ्रेंड्स, द पावर ऑफ़ पॉजिटिव थिंकिंग, द पावर ऑफ़ योर सबकॉन्शस माइंड* और *थिंक ऐंड ग्रो रिच* जैसी कालजयी पुस्तकें शामिल हैं।

उन्होंने मशहूर बेस्टसेलर 'टाइम मैनेजमेंट' सहित 7 मौलिक पुस्तकें लिखी हैं तथा उनकी पुस्तकों का अन्य भाषाओं में अनुवाद भी हो चुका है। डॉ. दीक्षित ने पीएससी (प्रोफ़ेसर) परीक्षा में अँग्रेज़ी साहित्य की प्रावीण्य सूची में प्रथम स्थान अर्जित किया था। वर्तमान में वे शासकीय नर्मदा महाविद्यालय, नर्मदापुरम (म.प्र.) में अँग्रेज़ी साहित्य के प्रोफ़ेसर हैं। उनसे sdixit123@gmail.com पर ईमेल द्वारा संपर्क किया जा सकता है।